JN160103

多文化共生社会の構築と大学教育

髙橋　美能

東北大学出版会

Enhancing Co-existence in a Multicultural Society
and its Role in University Education

Mino TAKAHASHI

Tohoku University Press, Sendai
ISBN978-4-86163-316-4

はじめに

本書の目的と構成

本書は、これから留学生と日本人学生が共に学ぶクラス（多文化クラス）を担当する教員や、すでに担当している教員、地域社会で多文化共生に携わる人たちなど、教育関係者に限定せず幅広い読者を対象とし、教育実践を行う際のティップス(要領、コツ)を提示しようと試みるものである。まずは先行研究の分析から始め、多文化クラスを運営する理論的な枠組みとして、オルポートの異文化接触を友好的にする条件の援用の可否を検討する。実際には、枠組みでは表現しきれない現場の個別事情があるため、筆者が担当した多文化クラスの事例や参与観察によって得られた知見を基に、現場レベルで枠組みの適合性についても検討を加える。調査および研究の手法としては、多文化クラスの教育実践を対象として、実践記録の省察と参与観察、アンケート調査を取り入れる。

本書は4部で構成されている。Ⅰ部（第1章・第2章）は、多文化クラスにおけるさまざまな課題とその解決策をまとめる。Ⅱ部（第3章・第4章）は、多文化クラス内に「多文化共生」を構築するには、どのような学習環境と教育方法が適しているのかを検討する。Ⅲ部（第5章・第6章）は、Ⅱ部で得られた示唆を基に、多文化クラスで扱うのに適した学習テーマについて事例を用いて検討を加える。ここでいう学習テーマとは、学習内容や題材およびトピックスのことを指す。Ⅳ部は、本書で明らかになった知見をまとめる。以下に各章の概要を説明する。

第1章では、本書の概要と本書における言葉の定義をまとめる。第2章は、先行事例を分析しながら、留学生と日本人学生の親密化を阻害する要因を考えるとともに、これまでどのような解決策が講じられてきたのかを概観する。多文化クラスには、国籍、言語、文化などの多様な学生が集まることから、クラス内の議論が多面的・多角的になるポテンシャルがある。その一方で、留学生と日本人学生は自然発生的に親密な関係性を構築できるわけではない。本書では、上に挙げた「学習環境」「教育方法」「学習テーマ」の3つの観点から、双方の関係性を構築するうえでの阻害要因に対する解決方法を考える。そして、多文化クラスのポテンシャルを最大限生かすために、いかなる方策がありうるのかについて検討する。

第3章は、多文化クラスの学習環境条件について考察する。ここでは、心理学者オルポート(1961)が提唱した「異文化接触」を友好的にする3条件を参考にしながら、これを教育現場に当てはめて検討する。オルポートの研究対象は社会（コミュニティ）であったが、クラスにはコミュニティと異なる動的な要素や多様性と可変性があり、大きな要素として教員の関わりがある。さらに、クラスは期間が限られており、学生は学ぶ目的で集まっている。本書はこのような場での「対話」の重要性を強調し、学生同士、また学生と教員の間の「対話」を1つの教育方法と考えて、対話を通じて得られる教育効果について検討する。

第4章は、教育現場の事例を紹介しながら、第3章で議論した学習環境条件と「対話」が必要十分であるのかについて検討を加える。第1節では、筆者が担当した多文化クラスを対象に、オルポートの3条件の適合性について考察する。第2節は、1つの多文化クラスを参与観察して、学生の参加態度や行動の変化に着目しながらフィールド・ノートをとり、行動変化に影響を与える要因を特定し、学習活動を支える教員の役割(教員からのサポートの必要性)について検討する。これらの考察結果から、クラス内に「多文化共生」を構築するため、他にも必要な要件があることが示唆された。

前章の課題を踏まえて、第5章では、多文化クラス内に多文化共生を構築するために効果的な学習テーマを検討する。本書では、クラスに集まる学生に多様性があることから、誰もが自分のことと捉えられる普遍的なテーマを設定することが有効であると仮定して「人権」を取り上げる。人権は人間であれば誰もが平等に享有している権利であり、言語や文化が異なっても変わるものではないことから、人権が学生にとって議論を始め、深める切り口になり得ると考えるからである。しかし、保障される権利と現実の間にはギャップがあるため、議論を通じて学生間に矛盾や葛藤が生まれる可能性もある。これらを踏まえて、同章では人権というテーマの「当事者性」を最大限に生かし、議論を通じて生じうる矛盾や葛藤を超剋するスキルを身に着けることができる人権教育プログラムを考案する（Plan）。プログラムを組み立てる中で示唆されたことは、予め特定の人権問題に限定するのではなく、まずは人権の全体像を学び、その後参加する学生一人ひとりが、最も身近に感じている人権問題を考えて焦点化し、そこから掘り下げて議論することが大切であるという点である。本書では、人権をテーマに教育実践を行うことを「人権教育」と捉えている。

第6章は、筆者が担当した多文化クラスにおいて、第5章で考案したプログラムを実践する（Do）。重要なポイントは、2002年3月に策定された「人権教育・啓発基本計画」の第3章2（2）の「普遍/個別的なアプローチ」を参考にしながら、人権を抽象的に議論するだけでなく、学生一人ひとりの具体的な経験を他者と共有し、共に学ぶことを重視しながら参加型で進めることにある。このような実践を通じて、参加学生の人権意識に変化が見られるかを全15回の授業の実施前と実施後の2回、同じ質問紙を用いて調査する。そして、調査結果を分析しながら、理論と実践について考察を加える（Check）。

第7章は、前章までに得られた知見の普遍性を検討する。第4章と6章の教育実践で課題となった点に対して、改善策を講じながら教育実践を行い（Action）、さらに、「人権」以外のテーマで教育実践を行ってもクラス内に多文化共生が構築されるのかを検証するため、「博物館」を題材に取り上げたプロジェクト学習の事例を分析する。ここではテーマの検討に加えて、多文化クラスの共通課題でもある「言語の壁」に焦点を当てて、学生がこの障壁を乗り越えるために、教員はどこまで介入すべきかについて、さまざまな仕掛けを用意しながら考察する。

終章では、本書の議論をまとめるとともに、その中で十分に議論できなかった点について言及する。

なお、前もって1つ断っておきたい。第4章2節で紹介する参与観察の考察は、2011年に実施された多文化クラスを観察したものであるが、第6章で紹介する多文化クラスにおける人権教育の実践は2010年度に実施したものであり、構成と時系列の順序が逆になっている。やや分かりにくい構成となっているが、本書の趣旨は多文化クラス内に「多文化共生」を構築するための「学習環境」「教育方法」「学習テーマ」を明らかにすることであり、議論に瑕疵が生じるとは考えない。

［目　次］

Ⅳ部　事例考察とまとめ

I 部

序論　問題の所在

第1章　本書の概要

本書は、大学教育現場における留学生と日本人学生の混合クラス（これを「多文化クラス」とする）を対象に、クラス内に多文化共生を築くためには、いかなる学習環境、教育方法や学習テーマが有効であるかを検討する。このような議論が重要になる理由は、現在、留学生と日本人学生が同じ学内にいながら、自然発生的には双方に友好な関係性が築かれていない事実が少なからずあると認められるからである。本書では、クラス内の環境を整えるだけでなく、学習テーマや仕掛けの工夫が、双方の関係性作りに及ぼす影響を考察する。

第1節　背景

世界がグローバル化[1]する中、2017年12月に日本の外国人登録者は2,561,848人に及んだ[2]。日本人の人口は2005年をピークに減少し、少子高齢化が深刻な問題となっている。このような中で、外国人労働者が重

1　グローバル化について、志水（2010）は「グローバル化は、地球上で起こるすべてが相互関連を持つようになること」（志水　2010、261頁）と定義し、「人やモノやお金や情報が国境を越えて行き来するようになる状況」（志水　2010、258頁）を指しているという。また、2011年5月に設置された「グローバル人材育成推進会議幹事会」は、「グローバル化」を、「政治・経済・社会等あらゆる分野でヒト、モノ、カネ、情報が国境を越えて高速移動し、金融や物流の市場のみならず人口・環境・エネルギー・公衆衛生等の諸課題への対応に至るまで、全地球希望で捉えることが不可欠になった時代状況を指す」（グローバル人材育成戦略　2012年審議まとめ、8頁）と定義している。本書ではこれらの説明を参考に、人、モノ、カネ、情報が国境を越えて移動する状態を「グローバル化」ととらえる。

2　外国人登録については、外国人登録法第一条に、「本邦に在留する外国人の登録を実施することによって、外国人の居住関係及び身分関係を明確ならしめ、もって在留外国人の公正な管理に資すること」を目的としていると明記されている。外国人登録者数は、法務省のホームページ（http://www.moj.go.jp/nyuukokukanri/kouhou/nyuukokukanri04_00073.html　2018年6月17日確認）による。

要な存在であるとの意識は、ますます高まっている。2005年6月に総務省は、日本人と外国人の共生を重要課題として、「多文化共生の推進に関する研究会」を設置した。ここでいう「外国人」には、日本の大学で学ぶ留学生も含まれている。本研究会の「2006年報告書」には、留学生が「日本にとって貴重なソフトパワーになる可能性があり、地域の留学生支援対策は国家的視点からも極めて重要である」（総務省　2006、32頁）と記されている。外国人の中でも特に「留学生」は、近い将来、日本で学んだ知識や技術を世界の舞台で生かし、活躍する可能性を持った存在と見なされている。

留学生への注目が高まっている背景には、日本政府の次のような動きがある。1983年に当時の中曽根康弘首相が「留学生10万人計画」を打ち出して以降、留学生数は増加の一途をたどった。2003年に目標を上回る約11万人に達成すると、2008年には留学生数を30万人まで増やすことに目標が上方修正され、2009年には過去最多の141,774人に及んだ[3]。2011年の東日本大震災により、一時は2.6%減の138,075人となったものの（日本学生支援機構、平成23年度外国人留学生在籍状況調査結果による）、10年間で留学生の数は約1.75倍にまで増えている。

政府による留学生は重要な存在であるとの認識は、受け入れ体制の充実が図られていることにも表れている。文部科学省が2009年に開始した「国際化拠点整備事業（大学の国際化のためのネットワーク形成推進事業、以降「グローバル30」とする）[4]」はその好例である。この事業では、13の国立・私立大学が推進拠点に採択[5]され、「留学生と切磋琢磨す

3　http://www.jasso.go.jp/statistics/intl_student/data10.html（日本学生支援機構、平成22年度外国人留学生在籍状況調査結果、2011年3月30日確認）

4　この事業は2009年に開始されたが、2011年に「国際化拠点整備事業」から「国際化拠点整備事業（大学の国際化のためのネットワーク形成推進事業）」に名称が変更になった。なお、英語名称はGlobal 30（グローバル30）という表現に変更はなかった。

5　グローバル30は、質の高い教育の提供、海外の学生が我が国に留学しやすい環境の提供を目標として、英語による授業の実施、受け入れ体制の整備、国際連携の推進、国際化拠点の形成の取り組みを支援するというものである（http://www.mext.go.jp/b_menu/houdou/21/07/1280880.htm）。

る環境の中で、国際的に活躍できる高度な人材を養成すること」との事業目標が掲げられた[6]。世界の学生を積極的に日本の大学に受け入れるだけでなく、学内で日本人学生も留学生と共に学び、国際素養を高めていくことが期待されており、その効果は大学全体の国際化に寄与するものと捉えられている。2012年に文部科学省は、留学生の受け入れだけでなく、日本人学生の内向き志向を打破し、海外派遣の促進も併せて進めていく必要があるとの認識のもと、新たに「グローバル人材育成推進事業」を開始した。さらに2014年には、グローバル30とグローバル人材育成推進事業を統合すべく、文部科学省から学生の受け入れと派遣を通じての双方向の交流促進を視野に入れた、「スーパーグローバル大学創成支援事業」が提案された。この事業に日本の13大学がタイプA（トップ型：世界ランキングトップ100を目指す力のある大学への支援）に、24大学がトップB（グローバル化牽引型：これまでの取組実績を基に更に先導的試行に挑戦し、我が国社会のグローバル化を牽引する大学への支援）に採択されている。これらの政府政策を踏まえ、国内の各大学では、国際化戦略に基づいた積極的な取り組みが行われている。例えば、日本の大学のうち半数は大学の総合的な計画の中に国際関係を重要な要素と位置づけ、計画的な国際化を図っている。また、国立・私立ともに3割程度の大学が、学生が取得すべきTOEICなどの点数について数値目標を定めている（文部科学白書　2008、20頁）。留学生の受け入れについても、学内の環境整備とともに、教育の質の向上を図る取り組みが見られる（文部科学白書　2008、21頁）。

1　日本の大学の国際化政策と現状

政策レベルでの国際交流事業が推進される一方で、教育の現場、すなわち大学生活では、留学生と日本人学生の交流の場が十分でないという

6　http://www.mext.go.jp/b_menu/houdou/21/07/1280880.htm（文部科学省、平成21年度国際化拠点整備事業（グローバル30）の採択拠点の決定について、2011年9月20日確認）

批判もある。高橋（2005）は、留学生の間で「①日本人学生が留学生の存在を意識していない、②お互いの存在を認識していても関わるきっかけがない、③両者の授業は別立てである」（高橋　2005、16頁）といった声が出されていることを挙げている。大橋、近藤、秦、堀江、横田（1992）は、「日本人が表面的な話に終始することに、多くの留学生はものたりなさを感じる」（大橋、近藤、秦、堀江、横田　1992、120頁）と述べている。倉地（2002）は、日本人学生の中に「異文化」に触れる必要がないと感じている学生がいることや、そもそも「異文化」に興味がない学生、「異文化」に対して抵抗のある学生がいることを指摘している。そして、このような日本人の内向き志向の原因には、

①内なる異文化に気づき、向き合うことへの抵抗感（異文化回避傾向）があること、
②都合のよい相手とばかり群れ合う快楽傾向があること、
③異文化に限らず、忍耐力に乏しい耐性欠損傾向があること、
④他者と深く関わることが億劫で、苦手とする対人不全傾向があること、
⑤変化を好まず、リスクや冒険を回避する安定志向があること、

の5つがあると説明し（60-62頁）、これらの原因を克服するために、「異文化接触」の機会を積極的に提供していく必要があると述べている。

1989年に横田（1991）は、日本人学生242名と留学生162名を対象に、質問紙調査を行って、双方の親密化を妨げる要因を明らかにしている。その結果を見ると、留学生から「日本人学生の主張の弱さ、言語の障壁、日本の慣習、関係作りへの抵抗感、日本人学生に対する関心・余裕のなさ」などが挙げられている。一方で、日本人学生からは「漠然とした不安と遠慮、日本人集団への消極的アプローチ、言語の障壁、無力な暗黙のルール」などが挙げられており、留学生と日本人学生には異なる要因があると考えられる。横田（1991）は、日本人学生が挙げた「消極的なアプ

ローチ」について、「留学生が積極的に日本人の集団に飛び込んでこないという受け身の姿勢」（横田　1991、87頁）を指していると説明する。そして、まずホストである日本人学生が留学生に歩み寄る姿勢が重要であると述べている（横田　1991、95頁）。

2　本書の意義

そもそも、留学生と日本人学生は、同じ学内でも接触する機会が十分に確保されていないという根本的な問題がある。その原因は留学生と日本人学生の授業が別立てであるといった大学のシステム上の問題や、学生の言語や文化、意識の違いなどの一人ひとりの学生が内在的に持つ要因によるものなど、さまざまである。前者の問題は、大学全体の課題として各大学で検討されてきていることから、本書では後者の問題に着目し、留学生と日本人学生がクラス内で接触する場を有効に活用する方策を検討する。具体的には、留学生と日本人学生が共に学ぶ混合クラス（多文化クラス）を対象として、参加学生が対等な立場でクラスに参加し、意見を述べ合う中で、学生間に親密な関係性を築いていく状態を構築するために（後述するが、これを「多文化共生」と同義で考える）、以下のような3つの問いを立てた。

①どのような学習環境を整える必要があるのか。
②どのように教えると効果があるのか。
③何を学習テーマに取り上げると効果が高まるのか。

本書では以上の問いに対する答えを導くことを目的とする。この3つの問いに対する答えを包括する教育は、クラス内に留学生と日本人学生の良好な関係性を構築するものであり、その中で得られる学習成果は、クラス内にとどまらず、学内の国際交流の促進につながることはもちろんのこと、多文化共生社会を築く土台になるものである。

第2節　本書における事例分析の方法

本書の目的は、多様なバックグランドを持つ人たちが、互いに寛容な態度で他者と接し、他者を受け入れることのできる人になるためにはどのような教育実践が求められるのかを検討することである。

松尾（2013）は、グローバル化する世界の中で求められる多文化教育とは、「学力をつける－社会的な平等」「多様性を伸張する－文化的な平等」「多文化社会で生きる力（コンピテンシー）を培う－多文化市民の育成」の3つを高めていくものであると述べている（松尾　2013、7頁）。本書では、特にこの3つ目「多文化社会で生きる力」を身に着けることに着目する。それには、どのような教育実践が効果的であるのか。

本書では、筆者や他の教員が実践した事例を基に、それらを分析することによって、教育実践のあり方を検討する。その手法として、アクション・リサーチを取り入れる。佐藤、横田、吉武（2006）はアクション・リサーチについて、「原則的には一定の場が先にあり、そこに関与し、観察から仮説を構成し、研究者が状況に積極的に関与し、その関与の効果を観察するものである」（佐藤、横田、吉武　2006、33頁）と説明している。藤田、北村（2013）は、アクション・リサーチとは「現場の人々のエンパワーメントを図ったりすることを志向するのである」（80頁）という。この方法論は、計画（Plan）、実行（Do）、評価（Check）、改善（Action）というサイクルで実証研究が進められ、最終的に対象となる場が、変革することを目標に、研究者と現場の人々がともに計画し、実施するものである。これまでの研究は、理論と実践、ないしは調査する者とされる者という二項対立的な関係であった。しかしこれからは、研究者自身も自己再帰的に現場における自らの思考や行動を分析する機会を持ち、研究する場の人々と対話や協働関係を形成しながら、研究を進める必要がある。本書では、教員と学生が協働でクラスを築いていく中で、クラス内の課題を明らかにし、それらを教員と学生が共に解決するために、行動に移していこうとするプロセスを紹介する。その成果は、クラス内の問題を解決するだけでなく、多文化クラスの持つ普遍的な問題への解決策を示唆するものであり、他の教育実践にも当てはまる教育的効果をもたらすものである。

佐藤（2012）は「これからの実践科学は単なる実証科学の応用ではなく、実践の場の創造と実践知をもとに現実の変革につなげるような独自のものとして位置づけることを要請している」（佐藤　2012、17頁）と述べている。このような研究は「現場の他の参加者とともに『新たな課題解決の場』をつくりあげていく研究方法であり、「対人関係に培われた調査」に基づく、課題の共有とその解決における研究として、研究者が実践に関与し、参加者との相互作用を繰り返す中で、相互に影響し合い、場を作り上げていくことを目指し、さらに、つくりあげた場にはまた新しい課題が生じるが、その課題を解決するための実践を共に展開するというダイナミックな関与を続けること、自らの『場』に関与し、その関与を含めた実践活動と『場』の変容を観察し、記述することである」（佐藤2012、34頁）と説明している。本書においても、研究成果は他の教育実践に応用できるものであり、クラスという枠を越えて、社会にも還元されるものであると考えている。なぜなら、クラス内で体験を通じて学生一人ひとりが身に着けた「知識、価値/態度、技能、行動力」は、まだ完全ではないとしても、グローバル化する社会で生きるために必要な素養として活かされていくからである。クラスは動的で可変的であるが、クラスに共通する課題を特定し、その解決方法について具体的な事例を分析することは重要であり、他の教育実践に新たな示唆を提示するものである。一方で本書が限られた事例の分析結果であることから、その成果をより一般的なものにするためには、本書の知見を基に、今後も事例の蓄積と分析を行って考察を深めていく必要があろう。

なお、本書で引用する学生の意見や参加態度の記録については、個人が特定されない範囲で、研究目的に使用することについて、学生から書面で同意を得ている（参考資料1）。

第3節　本書における考察対象

本書で考察する事例は、文部科学省が提唱する大学の国際化事業の「グローバル30」と「スーパーグローバル大学創成支援事業」に採択されたX大学とY大学での教育実践とする。いずれも国立大学の総合大学で、2020年までに外国人留学生数を2倍以上にするという高い目標を掲げ、留学生の生活・学業面でのサポート、さらに英語プログラムの開講などの留学生の受け入れ体制の充実を図っている。全授業を英語で開講し海外留学を必須とするなどしている一部の国際的な大学を除き、多くの大学が国際化を目指して試行錯誤していることを考えれば、この2大学を考察の対象に、多文化クラスのあり方を詳細に分析することで得られる知見には、多くの大学で共有しうる点があると期待できる。

本書では、X大学とY大学で筆者が担当した多文化クラスを対象に、自らの実践を省察する。これらの科目は、主に交換留学生（6か月間、または1年間留学のために来日）が受講しているが、その多くは、議論するだけの十分な日本語能力を持っておらず、生活面でのハンディキャップも体験している。このクラスは、在籍学生であれば日本人でも学部や大学院生に関係なく受講できるが、英語で行う授業という点で積極的に受講する日本人学生はそれほど多くなく、結果、日本人が人数の面でマイノリティーとなる。また、受講条件として特に英語力を求めていないことから、参加する学生の英語力には差がある。

本書では、筆者がX大学とY大学で担当した多文化クラスに加えて、X大学で他の教員が担当した多文化クラスの参与観察を行ったものも検証の対象とする。ここでは、教授言語が日本語であったことから、日本人学生の受講者数が留学生よりも多く、留学生がマイノリティーである点に特徴がある。

本書では大学教育現場の4つの多文化クラスを対象とするが、そこには異なる人数（45人、26人、38人、90人という受講生数のばらつき）の学生が集まっていることに加えて、教授言語も英語、または日本語と異なっている。また、大学生だけでなく、大学院生も参加しており、各学生の専門分野も多様で、男女比、国籍も一様ではない。本書では、あえてクラスの人数や参加者の属性を限定せずに、多様な学生が集まる複数のクラスを研究対象として、参加学生の態度の変化を多角的に調査・分析する。本書で取り上げる授業は、担当教員がテーマや学習内容を決定し進めるもので、専門科目ではなく、日本語、または英語の語学習得を目的とする授業でもないため、留学生と日本人学生が共に学ぶことに意味がある。そこでは、異文化への理解を深め、相互理解を図ることが目的となる。それゆえ、このような授業では、知識の習得に重点を置くよりも、むしろ「価値/態度、技能、行動力」といったコンピテンシーの向上に力を入れた内容が重要となろう。本書で紹介する事例は限られているため、得られる知見を一般化することは難しいが、その他の教育実践にも応用可能な示唆が得られると考えている。

第4節　本書の特徴

本書は、クラス内に「多文化共生」を構築するための理論的な枠組みを検討し、人権という学習テーマの有効性について考察する。以下に、取り上げる内容をまとめておく。

1　多文化クラスを運営する際の理論的な枠組みの構築

これまでにも多文化クラスの先行事例は多数紹介されているが、それらは実践報告にとどまっており、理論的な枠組みとして構築されたものはなかった。本書では、その枠組みを築くために、心理学者オルポート（Gordon Willard Allport）がコミュニティにおいて異なる集団が接触する状況の中で、「異文化接触」を友好的にするために提唱した3つの条件、「1. 対等の地位」「2. 共通の目標の追求」「3. 制度的な支援」（Allport訳書 1961、240頁）を、多文化クラスの学生間の関係性構築の分析に援用できるかを検討する。本書は、異なる事例を4つ紹介しながら、多文化クラスにこの枠組みを当てはめて検討し、この条件だけではクラス運営が必ずしもうまく機能しない、さまざまな事態が起こりうることを説明する。

教育現場はオルポートが対象としたコミュニティと異なり、時間と空間が限られており、学生は学習目的で集まっている。そこには可変性・多様性があることに加えて、動的な要素があること、また教員が関わっていることが特徴として挙げられる。言い換えると、教員からのサポートをうまく活用することで、クラス内に「多文化共生」を促進することができる場でもある。一方で過度な教員からの介入は学生間の関係性を阻害する要因にもなりかねない。本書はこの表裏一体の関係に着目し、教育現場の特徴を生かしながら、教員からのサポートの有効性を検証する。実際に議論を進めていく中で、学習環境や教育方法を工夫するだけでは十分でなく、クラス内に多文化共生を築き学習効果を得るために、何か別の要素が必要ではないかが示唆された。この点については、効果的な科目、本書ではこれを「学習テーマ」と呼び、検討を加える。

2　多文化クラスにおける人権教育の実践

(1) 多文化クラスの学習テーマ

これまでの多文化クラスの先行事例を見てみると、「異文化間コミュニケーション」や「異文化理解」「日本語・日本事情」といった科目名で、学生が互いに異なる文化について学ぶことや、日本人学生が留学生の日本語や日本事情の授業に参加して教えることなどが紹介されている。そこでは、留学生と日本人学生が共に学ぶことで、異文化に対する理解を深めることができる点を、多文化クラスの意義として強調していた。

一方で、多文化クラスは双方の違いが意識され過ぎるのではないかという指摘も受けていた。たしかに、互いに違いを意識し過ぎれば、多文化共生を構築するうえでそれが阻害要因になりかねない。松井（2010）は、異文化理解教育が文化相対主義的な理解にとどまりがちであったため、異文化に対する偏見が助長されてしまったと述べている（松井

2010、131頁)。馬渕(2010)は、「他者」や「異」を前提として「文化」を捉え考察することは、よほど注意しない限り、「文化」の持つ多義性に論点が絡み取られ、あるいは魅惑されてしまい、それゆえに「力関係」という重要な視点が覆い隠され、結果としてさまざまな集団間の社会的構造は現状が維持されるという危険性があることを指摘している(馬渕2010、180頁)。このように、「異」を中心に議論することに対して、疑問が投じられる中、2010年6月の異文化間教育学会の公開シンポジウムでは、これからの異文化間教育は「文化」に焦点をあてるだけでなく、人権という視点から再定義する必要があると問題提起された。ここでは、自己と他者の関係性を構築するうえで、人間の普遍性、共通性への理解が必要であると指摘されている。ただ、人権をどのように取り上げるのか、また、その学習効果はどのようなものであるのかについては、その後も議論が進展していない。本書では、特定の人権に限定して人権問題を語るのではなく、人権という概念の理解と人権問題を関連付けて、掘り下げて学ぶことを学習内容として、多文化クラスで人権教育を実践する意義と効果を考察する。

(2) 多文化クラスでの人権教育の実践

本書では言語や文化の多様な学生が互いに異なることを意識するのではなく、まずは同じ人間であることから共通性に気付くことが大切であるとの視点に立つ。そのうえで、学習テーマとして人権を取り上げ、多文化クラスの中での人権教育を検証する。これは、人権が国や言語、文化の違いに拘わらず、誰もが平等に享有している権利であることから、これを切り口として議論を始めることで、学生間の相互理解を深めていくことができるのではないかとの考えを前提としている。金(2007)は、グローバル化する社会にあって「多文化共生教育」の重要性を強調しつつ、その中心軸に「人権」を据える必要があるという(20頁)。このことは、私たちが共有している権利が、「国民の有する権利」ではなく、「人間が有する人権」であるという、普遍的な「人権」への共通理解を持つことを意味する。

本書では、教育を通じて人権という概念を学ぶことを人権教育と捉えている。人権教育は異なる文化を学び尊重するという文化相対主義的な意味合いでの学びを主目的とするものではなく、互いの文化を尊重しながらも、人間としての共通する道徳的な心を育成し、互いの理解を深めていくという、いわば人間としてあるべき姿を確立していく過程を導くものである。このような人権教育は、人間力を育む根本を築くために大切であり、多文化共生社会を築くうえでも欠かせない。この「人間力」という言葉について、内閣府の「人間力戦略研究会　報告書」（2003年）では、「社会を構成し運営するとともに、自立した1人の人間として力強く生きていくための総合的な力」と説明している。そこには、コミュニケーション能力やリーダーシップ、規範意識（その基となるのが、「人権」である）が含まれており、人権を尊重する精神を有することと同義ではないものの、重なる点も見出せる。このような力を持つ人材が、「多文化共生」社会を築くうえでも重要な役割を担うであろうことは言うまでもない。

(3) 多文化クラスで人権教育を実践する意義

これまでにも大学教育で人権教育を実践する事例は見られたが、それらは「同和教育」「人権教育」といった科目名で、日本の人権問題を取り上げるものが多かった。また、これらは日本人学生を対象としたもので、留学生が参加していたとしても、日本語力の高い正規の留学生を受講の対象としていた。他方、本書で紹介する多文化クラスには、日本語能力がそれほど高くない留学生が多く参加しており、その中で繰り広げられる議論は、国という枠組みを超えたものとなる。それゆえ、議論の幅も多面的・多角的になり、日本の人権問題だけでなく、世界各地の留学生が抱えている人権問題をクラス内で共有することとなる。本書では、このようなクラスで学生一人ひとりが自身の人権問題や国の人権問題を当事者として語り合う中で、身近な人権問題をクラスメートと共に解決する方法について考え、そのことを通じて他者への理解を深める方法を検討する。また、共に学ぶ経験が他者と共に生きる意識の向上につながるような学習内容を計画する。第5章では、人権と人権教育について繰り広げられてきた議論をまとめ、理論に基づいた人権教育プログラムを提案する。続く第6章では「人権教育のための世界計画」（詳細は後述する）の第2フェーズに先駆けて大学教育の多文化クラスにおいて実践した人権教育を紹介する。これは、今後の人権教育の実践に新たな示唆を提示しようとするものである。つまり、本書では、これまで実施されたことのなかった、多文化クラスでの人権教育の実践に加えて、「人権教育のための世界計画」に先駆けて、その趣旨に沿って実践したものであり、学習計画（Plan）から実践（Do）までを具体的に説明し、それを省察（Check）して、改善策（Action）を提案することを特徴としている。そして、クラス内に多文化共生を構築するために、人権が有効なテーマとなりうるかについて検討する。その中で多様なバックグラウンドの学生が共に学ぶ環境において、普遍的なテーマを提示することが多文化共生を構築するために有効であるとの結論に至る。第7章ではこの普遍性に着目して、その他のテーマの可能性についても検討を加える。

第5節　キーワードの定義

1　多文化共生

1995年の阪神・淡路大震災や2011年の東日本大震災の経験を通じて、日本の社会では、人びとの間に外国人との共生、共存の重要性が改めて意識されるようになった。また、地域住民のネットワークが一層重要であるとの認識が高まり、具体的な検討が進められてきた。

第1節でも挙げた2005年に総務省が立ち上げた「多文化共生推進に関する研究会」の「研究会報告書（2006）」では、「多文化共生」について「国籍や民族の異なる人々が、互いの文化的ちがいを認め合い、対等な関係を築こうとしながら、地域社会の構成員として共に生きていくこと」（総務省　2006、5頁）と説明されている。また、「外国人住民もまた生活者であり、地域住民であることを認識し、地域社会の構成員として共に生きていくことができるようにするための条件整備を、国レベルでも本格的に検討する時期が来ている」（総務省　2006、2頁）と述べられている。そして、地域社会の目標には、外国人住民が「地方自治法上の『住民』であり、基本的には日本人と同等の行政サービスを受けられること」（総務省　2006、10頁）が掲げられ、自治体を中心に「コミュニケーション支援」や「生活支援」、「多文化共生の推進体制の整備」などの取り組みが行われてきた。その成果として、外国人住民へのサポート体制が徐々に整えられてきた。

2011年の東日本大震災後、総務省は災害時の外国人への支援対応について検討しなおす必要があると考えて、2012年2月から「多文化共生推進に関する研究会」を開催し、報告書をまとめている。報告書の中で、「地域における多文化共生を支える専門的な人材やボランティアの育成、確保をさらに進めるとともに、地域間での派遣、融通を検討することが重要である。」と説明されている。ここでは、外国人住民を「ともに活動する」人材と位置付け、留学生を有効に活用することが強調されている。

「多文化共生」という言葉は、総務省の研究会だけでなく、さまざまな場で議論されている。以下にその代表的な見解をいくつか紹介する。

山脇（2003）は、総務省の見解を支持しつつ、国籍や民族などの異なる人々が、互いの文化的違いを認め、対等な関係を築こうとしながら、共に生きていくために、「外国人や民族的少数者が、それぞれの文化的アイデンティティを否定されることなく社会に参加することを通じて実現される、豊かで活力ある社会の構築を目指す必要がある」（山脇　2003、66-67頁）と述べている。そして、「外国人と民族的少数者が文化的な違いを否定されることのないような配慮」が必要であるという。

佐藤（2003）は、多文化共生社会という観点から、これは「平等な市民＝権利主体として、あらゆる人種・民族・文化的背景の人々が承認されている社会」（43頁）であると述べて、このような社会を構築するために

「親密性」(Intimacy) が欠かせないと述べている。そして、この「親密性」について、ギデンズ (Anthony Giddens) の言葉を用いて「伝統的な人間関係とはまったく異なった力学を持つものであり、他者との信頼関係を積極的に樹立することがその成立条件である」（佐藤　2003、212-213頁）と説明している。つまり、伝統的な人間関係の中で閉ざされるのではなく、積極的に地域に参加する一人ひとりとして成長するために、人間関係の中で生じうる排他的な意識をいかに克服していくかが課題となる。

渡戸 (2008) は「多文化共生」という言葉が、「マイノリティーからというより、むしろホスト社会側から提起された概念だ」と説明し、「現実問題として、マイノリティーや社会的に弱い立場に置かれている人にとって、マジョリティーとの共生は、好むと好まざるとにかかわらず、常に直面せざるを得ない『前提』であり、切実な要求を掲げるのが自然なのであるが、常にそのような声をあげられるとは限らない」（渡戸　2008、5頁）と指摘している。そこでは、「彼/彼女らの生き方に「共振」する支援者は、その声に耳を澄ませ、それをいかに受け止め、代弁し、また支援するのかということに熟慮と慎重さが求められており、多様な文化的背景をもつ当事者の自己決定権を尊重しつつ、どのような形で彼/彼女らと「つながる」かが問われている」（渡戸　2008、5頁）と説明している。

山西 (2012) は、総務省の「多文化共生」の定義に対して批判的な立場から、この定義が静的であり、相対主義的な文化観に基づいた解釈であると述べている (29頁)。そして、「『互いの文化的ちがい』を認め合えば多文化共生社会が実現するものではなく、多文化間の対立・緊張の中で、①多文化化が進展する背景としてのグローバル化が進む社会状況への批判的な捉えなおし、②多文化を取り巻く地域社会での政治的経済的状況や伝統的社会慣習などへの構造的、批判的な読み解き、③住民協働による文化の表現・選択・創造への参加、などのプロセスを視野に入れずして、多文化共生社会が実現すると考えることは難しい」（山西　2012、29頁）と説明している。そして、多文化共生とは、それぞれの人間が、多文化間の対立、緊張関係の様相や原因を自然的社会的歴史的関係の中で読み解き、より共生可能な文化の表現・選択・創造に、参加している動的な状態であると述べている（山西　2012、29頁）。

以上に挙げたように、日本の社会において日本人と外国人が対等な関係を築き、共に生きる社会を築くため(本書では、このような社会を「多文化共生」社会と捉える)、外国籍の人々が自らの文化やアイデンティティを保ちながら、日本の社会に参加できるような体制作りとサポートの必要性が指摘されてきたことが分かる。また、そのような社会を実現するために、互いに文化的違いを認め合うだけでは十分でなく、グローバル化とともに、ますます多様化する社会の中で差異を調停し、具体的な解決策を探る能力を育てる必要がある（本書では、そのために必要な能力を「メタ認知」と捉える。このメタ認知という言葉については、第5章4節で説明する)。

近年は、多文化共生の実現に「異文化（差異）を理解する」だけでは十分でない複雑な側面があり、社会の中に存在する文化に起因するさまざまな衝突(自文化と他文化との関係性や同化や統合といった問題)、言い換えると、文化の背後に生まれる「差別の実態を理解する」ことも必要であると考えられるようになってきた。

ここで1つ補足として、「共生」という言葉について、本書との関係で以下のような見解を紹介しておきたい。米田、大津、田渕、藤原、田中(1997）は、「共生」を実現するために「自立と平等という相互の関係性を基盤として、人間としての尊厳、普遍性を持った人権という考え方がしっかり据えられている」必要があり、「人権という基盤が据えられてはじめて、差異、多様性の対話、せめぎ合いを通してちがいを明確にすることが可能となる」（米田、大津、田渕、藤原、田中　1997、 56頁）と説明している。ここでは、共生意識を持つうえで、人権という柱が必要になると述べられている。

これらの議論を踏まえて、本書では大学の多文化クラスにおいて、人権という概念を柱に据えて、学生一人ひとりが他者との共通点・相違点を理解することで、相手を受け入れ、言語や文化の違いを踏まえつつ、対等な立場で積極的にクラスに参加し、学んでいる状態を「多文化共生」と捉えることにする。また、留学生と日本人学生がこのような状態にあることを目指し、これを「多文化共生の構築」と表現する。ここで「人権」を柱に据える理由は、多様なバックグラウンドを持つ学生が集まる中で、必然的に多層的、重層的になる文化をクラス内で調整しながら、人権といういわば1つの文化をより普遍的なものに作り替えていくことが可能になると考えるからである。さらに、人権という概念を取り入れることで、体験を通じて身に着けた知識と技能を基に、他者と共に身近な社会問題に対して多角的に考えて解決に向けて具体的な行動に移していこうという意識を高めることができるからである。しかし、人権の保障と実態の間に矛盾や葛藤が生まれることもある。そこでは、教員が学生の学びをサポートし、ファシリテーターとして介入することが有効になる。教育現場は、多文化共生を促進させることをねらいとした、教員の仕掛けの工夫やサポートが可能である。その場を活用して、まずクラス内に多文化共生を築き、その関係性が学内に、そして身近な社会に還元される仕組みを作ることが大切である。つまり、人権という概念を学習の柱に据えることで、人権を規範とする高次の学びが得られると考える。さらに、大学生は自ら思考して判断し行動に移すことができる教育段階にあることから、社会とのつながりを意識しながら自己と他者の関係性について学び、多様なバックグラウンドを持つ学生と共に議論することを通じて、多文化共生社会の実現に向けて何ができるかを考え、行動に移していくことができる。本書では、多文化クラスで留学生と日本人学生が共に学ぶことから得られる双方の間の共生関係が、多文化共生社会づくりにつながるような学習のあり方を検討する。

2　多文化クラス

本書では、留学生と日本人学生が共に学ぶクラスのことを「多文化クラス」と呼ぶことにするが、この言葉は1990年代に入ってから使用されてきたものである。土屋（2000）によれば、この言葉はもともと留学生対象の「日本事情」の科目のクラスに、日本人学生を受け入れたことに始まるという。その後、この言葉は広く使用されるようになり、「さまざまな文化背景を持った学生が参加し、異文化理解について学ぶクラス」を指すようになったと言われている。ここでは、日本人学生が留学生を支援するという立場ではなく、留学生と共に学び、共修する相手として留学生を捉えることが大切であるとされている。さらに、留学生と日本人学生という関係にとどまらず、留学生のみ、日本人学生のみのクラスであっても、十分に多文化クラスは展開が可能であると述べられている（平成9-11年度科学研究費補助金基盤研究（c）（1）研究成果報告書）。

岩井（2006）は、先行研究の定義を踏まえながら、多文化クラスについて次のような6つの点を満たすものであると説明している。

①留学生と日本人学生が対等である。
②定期的に継続するものである。
③講義ではなく体験授業である。
④留学生、日本人学生双方に単位が出る。
⑤留学生と日本人学生との相互作用と学習の双方向性を重視する。
⑥授業を通した異文化理解の促進を目指す。

（岩井　2006、110頁）

本書では、以上の6つの点を前提とした、留学生と日本人学生の混合クラスのことを「多文化クラス」と捉えて、多文化クラスで起こりうるさまざまな課題（例えば、言語の壁）をいかに解決し、クラス内に多文化共生を構築していくかについて、学習環境やテーマといった観点から多文化クラスのあり方を検討する。

3　留学生と日本人学生

本書では、一人ひとりがみな異なる個であり、また異なる文化を持っているという立場を取りながら、便宜上、「留学生」と「日本人学生」という言葉を用いることにする。そして留学生と日本人学生が共生するために、両者の間に存在する親密化の阻害要因を払拭する方策を検討する。なお、本書で表現する「留学生[7]」の中には、X大学とY大学の海外協定校から来日中の6か月間～1年間の交換留学生と、正規生として学部や大学院に在籍している外国人学生の両方が含まれている。「日本人学生」は、大学入学前から日本で生活していた正規学生とする。また、この日本人学生は、自発的に多文化クラスを受講する意欲のある学生であることから、本書で得られた知見を日本人学生の特徴と一般化することはできない。本書では、あえて「異文化」を知ることに対して意識の高い学生を研究対象とすることで、「多文化共生」を構築するために必要な条件や要素について、重要な示唆が得られるのではないかと考えている。

まとめ

以上、本章では本書の目的、独自性、方法について説明した。そして、キーワードとなる言葉の定義を説明した。本書は、先行研究の分析や調査研究を行って、多文化クラス内に「多文化共生」を構築するために、有効な学習環境条件、教育方法、学習テーマを提示する。研究対象は留学生と日本人学生が集まるクラスであるが、ここはマイノリティー

---

7 「留学生」の定義については、国によって異なる。OECDの2007年Education at Glance、OECD Indicators 2007、ANNEX3: Sources Methods and Technical Notes、"Chapter C: Access to Education Participation and Progression"（14-15頁）では、「留学生は明らかに勉学を目的として国境を越えた学生であり、外国人学生は統計データを提出した国の国籍・市民権を持たない学生」と説明されている。日本ではこれを基に、「留学生を居住の面で、外国に主たる居住がある者」と捉えている。また、在日外国人を留学生と捉えるのか、日本人と捉えるのかについては議論になるところであるが、本書では「日本人学生」の中にまとめることにする。

とマジョリティーの関係が逆転しうる場でもある。なぜなら、英語で実施するクラスは、留学生の人数の方が多いことや、日本人学生が言語の面でハンディキャップを体験するなど、日本人学生がマイノリティーを体験する可能性が高いからである。本書ではこのようなクラス環境を生かして、互いにマジョリティー・マイノリティーといった関係を意識せず、一人ひとりの多層的、重層的な文化を調整して、対等な立場で授業に積極的に参加し、互いに助け合って共に学ぶために、どのような環境を整え、何をどのように教えることが効果的かを検討する。さらに、クラス内に多文化共生が実現される環境を築くうえで効果的な学習テーマについても検討する。本書の最終的な目標は、クラス内に築かれた学生間の関係性が、地域社会の中で他者と共に生きる力となり、学内や地域社会、国や世界に波及効果をもたらすような学習のあり方を検討し、それを紹介することである。

第2章　多文化クラスの課題と解決策

2012年に文部科学省は「グローバル人材育成推進事業」を開始し、日本人の内向き志向を打破し、海外留学の促進に力を入れ始めた。しかし、経済的な理由や英語力、留年により卒業が遅れる等の理由から、留学を断念する学生が多い。このような学生に、海外に行かなくても留学に類似する経験が得られるような機会を提供することも、大学の重要な役割となろう。多文化クラスは、留学生と日本人学生の異文化接触の場であり、これを有効に活用することができれば、日本人学生は海外に行かなくても、学内で留学生と共に切磋琢磨する体験を通じて、国際感覚を身に着けていくことができる。このようなクラスには、多様なバックグラウンドを持つ学生が集まることから、一人ひとりが意見を出し合うことで、クラス内の議論が多面的・多角的になるポテンシャルがある。参加した学生は、自らの考えがさまざまな考えの中の1つであることに気付くことができる。

しかし、多文化クラスには課題もある。例えば、教室内の教授言語を英語とする場合、日本人学生が言語面でハンディキャップを負うこととなり、これが学生同士の接触効果を妨げる一因になる。その他に、バックグラウンドの多様性から、議論を通じて文化や考え方の違いが明らかとなり、理論と現実の乖離に気付き、学生間に矛盾や葛藤が生まれ、相互理解というよりも、むしろ関係性を悪くする危険性もある。また、参加者によって留学生や日本人学生に対する興味・関心の度合いが異なることや意識の違いもある。

本章では、多文化クラスにおいて学生間の関係性を構築する際に、「阻害要因」となっているものについて考え、これまでどのような解決策が講じられてきたのかを検討する。また、教員のいかなる働きかけがあれば、これらの阻害要因が払拭されるのかについても検討する。本章の最後には、多文化クラスを運営する際に必要となる基本原則をまとめる。

なお、本書では学生の「多様性」(多様性は、学生同士の議論を活発化させる効果もあるが、一方で学生間の関係性を阻害する要因にもなりうる)について、言語や文化、人種、階層、エスニシティ[8]、宗教、ジェンダー、障害、性的指向(いずれの性別を恋愛や性愛の対象とするかをいう、人間の根本的な性傾向のこと)などの様々な要素のうち、「言語と文化」の多様性に絞って考えることにする。

第1節　多文化クラスに参加する日本人学生の特徴

日本の大学で多文化クラスに参加する日本人学生の受講目的は、留学生と友達になることであったり、留学前の準備であったり、英語力の向上であったりと人によって異なる。当然ながら、そこには、「海外の大学で学位や単位を取ってこなければならない」という留学生が持つ緊張感はない。その結果、日本の大学で多文化クラスに参加する日本人学生は以下の2つのタイプに分かれる。1つは、留学前の準備として真剣に参加する学生、または留学から帰国後、国際交流や英語力の維持をしたいと考えている積極的な学生であり、もう1つはただ何となく参加している学生である。後者の学生の場合、同じクラスに参加する留学生よりも参加意欲が低く、課題にも真面目に取り組まないことが多い。本書の第4章1節と第6章、第7章で紹介する筆者が担当したクラスでは、受講生に対して事前に課題を出し、授業で議論する内容に関わるリーディングとワークシート(質問)を渡して、それらを準備してから受講することを促していた。すると、留学生は課題をやってくるが、日本人学生は授

8　エスニシティという言葉は、1972年のOxford English Dictionary補足版に初めて収録されている。民族問題について精力的に論稿を発表しつづけているネーサン・グレーサー(Nathan Glazer)は、エスニシティとは「一つの共通な文化を意識的にわかち合い、何よりもまずその出自によって定義される社会集団」(綾部1993、2頁)であると述べている。本書では、多文化クラスに集まる学生一人ひとりが持っている文化やバックグラウンドの違いを生かした教育実践を目標に研究を進めることから、このエスニシティと深い関係がある。

業中にワークシートを書く様子が見られるなど、参加態度に差が生じた。このような違いが出る1つの理由は、多文化クラスの受講が日本人学生にとって卒業単位にならない選択科目であることが考えられる。

当然のことながら、クラスに参加することで得られる学習効果も、言語力や意識の違いによって差が出てくる。授業に対する意欲や単位取得の必要性に差がある中で、参加者全員が同じレベルに達することは難しい。少なくとも参加者に意欲と学習目標に向けたモチベーションがなければ、クラス全体がまとまりに欠け、消極的な学生がやる気のある積極的な学生の足を引っ張る、またはやる気のある学生だけが発言する、などの結果を生むことになる。1つの解決策として、このような共修科目を必修化し、単位や成績への影響で学生のモチベーションを上げることが考えられる。しかし、必修化すれば多文化クラスに参加することが義務となり、全く興味のない学生も参加しなければならなくなる。このような方法では、本質的に問題が解決されたとは言えない。そこで本書は、選択科目でありながら、受講を希望する日本人学生に、教員からのサポート(仕掛けの設定)で、学生の参加意欲を高めていく方策を検討する。

第2節　学生間の親密化を阻害する要因

本節では、先行事例で議論されている多文化クラス内での学生間の親密化を阻害する代表的な要因(課題)を挙げ、これまでどのような対策が講じられてきたのかをまとめておく。

1　授業の教授言語

多文化クラスの先行事例を見てみると、授業の教授言語は主に日本語、または英語、両言語で進められている。本項では、教授言語の違いにより得られる学習成果や課題について考える。

(1) 英語で行う場合

広島大学で多文化クラスを担当する恒松（2007a）は、英語で授業を行うクラスについて、「英語を母国語とする学生も母国語でない学生も共に協力し合いながら学習していくことで、自分の英語力・日本語力のなさも、学びの過程における重要なプロセスの一部であり、そのこと自体に意味があることを学ぶことに意義がある。また、共に協力し、相互に理解を示し合う中で英語に対しても肯定的見解を持って、努力したいと思うのではないか」（恒松　2007a、18頁）と述べている。しかし、非英語話者が英語で授業に参加することは容易でないことから、広島大学では、日本人学生に事前英語学習のWeb-CT受講を必須として、受講前に授業に参加し発言するために十分な英語力を付けてから参加することを義務付けるなどの対策を講じている（恒松　2006a、51頁）。

そもそも、なぜ日本の大学において英語で授業を提供するに至ったのか。これは1995年の日米文化教育交流会議において、米国人留学生を大幅に増加させるため、英語による授業提供を1つの目標に、短期留学プログラムの開発が進められたことに始まる。このことで、必ずしも日本語が出来なくても、日本への留学が可能になったのである。しかし、英語で行う授業では、日本人学生が言語の面でハンディキャップを負う可能性もある。この点に関しては、留学生と対等に議論するために、日本人学生に一定の英語力を求めるべきではないかとの意見もある。例えば京都大学や早稲田大学では、英語で行われる教養プログラムを受講する場合、TOEFLなどのスコアの基準を設けて、一定の英語力があることを受講条件とし、言語的な障害を前もってとりのぞくことを授業の前提としている。しかし、このアプローチには批判もある。安田（2011）の解釈では、多文化クラスの場ですら、単一の言語を共通語として指定することは、そうした言語を（十分に）運用できない他者をあらかじめ排除することにもつながりかねない。それゆえ、結局のところ「国際交流＝英語による交流」、つまり、英語を話さない他者（日本人とは限らない）は交流対象から除外される（あるいは「ここは日本であり、日本語の高度な運用能力を持たない外国人は不利益を被っても当然である」）といった単一の言語文化への同化主義に陥る危険がある（安田　2011、序章・第一章を参照）。したがって、少なくとも現状においては、参加学生間に多文化クラスの場で共通に用いられる言語の運用能力に差があったとしても、参加したいという学生を積極的に受講させ、その差を授業の運営によって補う必要があるように思われる。

(2) 日本語で行う場合

松本(1999)は、日本人学生が留学生と交流を持ちたいと思っても、英語が話せないと交流できないと考えて躊躇していると指摘する。松本はその解決策として、日本人学生が留学生の「日本語」の授業に一緒に参加する機会を設けることで、言語に対する固定観念を見直す機会となれば、前向きに留学生と接するようになるのではないかと考えた。実際に授業を行って、日本人学生の参加態度を観察したところ、「コミュニケーションが困難な留学生に日本人学生が接することで、英語万能主義の考え方に変化が起こる」（松本　1999、15頁）ことが分かったと説明している。また、日本人は海外で英語が話せないことに劣等感を感じたり、文化的な差異から疎外感を感じたりするが、日本で外国人が日本語学習で困っている姿に触れることで、誰にでも言語学習面で困難を感じることがあると気付き、自身の言語学習への動機づけになるとともに、相手に対する思いやりの気持ちが生まれ、このことが相互理解につながっていくのだと述べている。つまり、まずは日本人学生と留学生が共に学ぶ機会を設けることが大切で、このような双方の学び合いから、日本人学生の留学生への歩み寄りが生まれることを期待するものである。

しかし、機会の提供が、日本人学生と留学生の親密な関係の構築に直結するかという点では疑問が残る。

(3) 両言語で行う場合

次に両言語使用の場合について紹介しておきたい。田崎（2002）は東京農工大学大学院において、「異文化間コミュニケーション」という授業を開講し、主要言語を英語としながらも、それを補う方法（例えば、日本語、ジェスチャー、筆談、通訳など）を取り入れた。特に言語面では、前半と後半の間に翻訳活動という一コマを設けて、留学生と日本人学生がグループを作り、身近な会話を題材に英語から日本語に翻訳する作業を行うことで、二言語使用を通して双方の言語に対する理解が深まったという。さらに、田崎は多様な言語や表現方法の使用だけではコミュニケーションを促進する手段として不十分であると考え、同時にプログラムの工夫が必要であると考えた。そこでプログラムの前半では、コミュニケーションとは何かについて理論を中心に講義を行い、教員と学生の間、また学生同士の間で対話する機会を設け、クラス内コミュニケーションの円滑化に努め、両方の間に信頼関係を築くことを目指した。プログラムの後半では、グループによるタスク活動を取り入れて、前半で築かれた信頼関係を基に、留学生と日本人学生が共に課題に取り組む時間を設けた。実際にはタスク活動に入ってからも、「タスクシート」や「フィードバックシート」を活用して、教員と学生の双方向のコミュニケーションを維持し、教員が随時クラス全体で学生のコメントを取り上げるような工夫を行ったところ、クラス全体のコミュニケーションが活性化されたという。このことから、共通言語を一つに絞るのではなく、二言語使用や多様な表現方法を持たせることが重要で、さらにプログラムの工夫を行うことで、言語や文化の相違を越えた、信頼関係の構築につながることが確認できる。

2　留学生と日本人学生の意識の相違

次に、(2)で挙げた日本人学生にとって言語の問題が解決されれば、自然に留学生と良好な関係性を築くことができるのか、という問いに迫りたい。花見（2006）は、2005年に三重大学の国際交流センターで実施した共通科目の日本語のクラスを紹介している。ここでも、日本人学生には言語のハンディキャップがないという点で参加しやすい状況があった。しかし、言語とは別の点で、日本人学生の姿勢に課題が見られた。例えば中国人留学生から、「自分は日本人ほど周りの違いを意識しない」、「自分の意見を持ち表現することは非常に大切です。曖昧さも大切だけれど、意見を言う場所でははっきりと自分の考えを表現できることが社会から求められている」（花見　2006、75-76頁）という発言が出されている。ここでは、中国人は日本人ほど周りを意識して、自身の意見を述べるのをためらったり、あいまいな表現をしてしまったりすることはないとの見解が述べられている。言い換えると、日本人学生の自己主張が苦手で相手の意見に相槌を打ってしまうという性格や気質が、留学生にとって親密化を阻害する要因となっていること、また日本人学生が言語面で有利な立場になったとしても、それだけでは問題の根本的な解決にはならないことが示唆されている。

齋藤（2005）は、日本の学校教育の問題点として、「考える力」を身に着ける体制が整っていないことを挙げる。そして、「考える習慣のないまま、訓練を受けていないままに大学に進学しても、生徒たちはすぐに考えられるようになれない」（齋藤　2005、85頁）と指摘する。つまり、日本人学生は学校教育の中で教師から一方向に教えられる客体として教育を受けており、大学に入ったからといって、訓練を受けることなしに自然に活発な議論ができるとは期待できないのである。

この問題は、日本人学生に限定されるものではない。恒松（2007a）は「アジア圏の大学の授業では、教員が授業の主体であり、学生が受身であるため、批判、議論、疑問、説得といったことに重点をおく方式に困難を感じている」（恒松　2007a、15頁）と述べている。そして、英語で行われる授業に参加する日本人やアジアの留学生が自発的に発言できない理由として、「①英語力が低く、議論が理解できず、発言力が十分でない、②第一言語でも発言することに慣れていないのに、第二言語の英語では益々発言ができない、③教員への敬意を示す上で、発言を控えている。ただ、授業への積極性や発言面では、静かであっても、指名されると喜んで発言をする」(恒松　2007a、16頁)ことを挙げている。日本人学生だけでなく、アジアの留学生も英語の面でハンディキャップがあり、参加や発言に苦手意識を持っていることが示唆されている。いずれにしても、国や学校によって指導方法や学習内容が異なっていることから、多文化クラスに集まる学生の知識量や技能は多様である。このようなクラスでは、教員は発言することに慣れていない学生に対して、どのようなサポートをすれば、学生の参加や発言を促すことができるのだろうか。

山梨大学留学生センターでは、2004年の前期から共通科目「異文化間コミュニケーション」という、留学生と日本人学生の混在による参加型授業を開講している。授業は基本的に日本語で行い、時に英語で説明を加えながら進められている。この授業では、「自分の考えを持つことが異文化間コミュニケーションには必要」であるとの前提で、その訓練方法として留学生と日本人学生が授業を通して気づいた点を「ラーニング・ジャーナル」に書かせるという手法を用いている。クラスの到達目標は「コミュニケーション能力を付けること」にある。ここでは、ジャーナルを通して学生に授業で学んだことや気付きを省察させ、それによって自己のモニタリング能力を高め、スムーズなコミュニケーションができるような工夫を加えている。さらに、教員は学生のジャーナルにコメントを書いてフィードバックを行っている。このような取り組みを通じて、学生と教員が対話し、共に振り返る機会を持つことで、コミュニケーション能力が高められ、その結果、学生と教員の間に信頼関係が築かれるのだという(園田、奥村、内海、黒沢　2006、28頁)。ここにはジャーナルに書くことが表現力を向上させるために、有効な手段の1つになることが示唆されている。

もう1つ考えておくべきことは、教員が学生の積極的な授業参加や発言を促すことだけでは解決されない別の課題として、留学生と日本人学生の間に意識の違いがあるという点である。宮本(1995)は、そもそも留学生と積極的に交流したいと思う日本人学生が少ないことを指摘する。そして、日本人学生よりむしろ留学生の方が積極的にコミュニケーションを取りたいと考えているが、日本人がそれほど乗り気でないと説明する（宮本　1995、46頁）。新倉（1997）も、留学生と日本人学生の双方向の交流に問題が生じるとしたら、それは日本人学生に固定観念（ステレオタイプ）や思い込みがあり、それが原因であるという。新倉は「異文化理解授業」の受講生を対象に受講前と後でインタビューを実施し、授業に参加することで意識に変化が見られるかについて考察した。受講前の日本人学生からは、「留学生と日本人学生がお互いに親しくなれないのは、日本人学生の不慣れな状況への緊張感、不安感、戸惑いがその主な原因である」という意見が出されていたが、留学生からは、「日本人学生の考え方や価値観の相違、自己の意見を明確に主張しない日本人学生と自分との不一致が、自分を日本人学生との付き合いから遠ざけている」（新倉　1997、37頁）という意見が出されていた。受講後のインタビューでは、双方が受講前に抱いていた不安やステレオタイプが払拭され、意識や態度に変化が見られたことを確認している。そして、相手を知らないがために、他者に対して近寄りがたい敵対意識を持っているとすれば、まずは他者と接触する機会を持つことが大切であるという。単に接触すればよいのではなく、クラスであれば教員がさまざまな仕掛けやサポートをすることで、クラス内に「多文化共生」を構築するための支援をしていく必要がある。また、このような仕掛けの設定や教員のサポートは、教育現場であるからこそ可能になる。本書の第7章2節では、多文化共生を構築するうえで教員が重要な役割を担っているとの前提のもと、教員からのサポートの必要性と限界について、事例を分析しながら検討する。

第3節　教員の役割

前節の議論を踏まえて、本節では、教育現場における教員の役割や多文化クラスを担当する教員に求められる資質について検討する。

1　教育者に求められる資質

前節で恒松（2007a）が述べていたように、日本を含むアジアの大学では教師主導の授業が主流で、学生は授業を受ける、教わるという受け身の姿勢であることが指摘されている。教育実践において、教員が学生の主体性に任せ、教育方法の工夫や学習内容の充実を図らなければ、単なる意見交換に始終し、学習としての目的が果たせない。教員は学習活動や仕掛けを工夫して、ファシリテーターとしてクラス運営を担い、学生の学びをサポートする必要がある。そこでまず教育実践を行うとき、教員はどのような役割を担っているのかについて先行研究の見解をまとめておく。

多文化教育を専門に研究しているバンクス（James A. Banks）は、「学校管理者と教師は権威を維持する必要があるが、生徒による意思決定が適切に行えるように、一定の権限を放棄する必要がある」（Banks訳書 2006、39頁）と述べている。ここでは生徒が通う学校運営において、生徒の意思を尊重することが大切であるとの前提が示されている。

横溝（2006）は「教師中心」の指導ではなく、「学習者中心」の指導に転換していくべきであるという。「学習者中心」とは、「目の前にいる学習者一人ひとりに対して、自分が正しいと思っていることがこの人のためになるかどうか、考え続ける『心意気』のようなもので、そこには学習者中心の本質が、教師（そして学習者）の基本的態度にある」（横溝　2006、10頁）という。「学習者主体」は、「学習者中心」よりも学習者が自立した段階にある。いずれにしても、教員には、教育を通して学習者が徐々に主体的に参加できるような支援をする役割がある。つまり、教員は学生と共に学ぶ姿勢も大切であるが、それだけでは学生の学びを促すのに十分でないことから、学習者が主体的に学べるようなサポートをする必要がある。

森岡（2010）は「教育は教え込みではない」と述べながらも、教員が教えないという意味ではないと述べる。そして、教員には指導力（力量）が必要であるという。森岡（2010）は、教師、知識、子ども、という三者の関係を、①伝達的アプローチ、②プロセス的アプローチ、③オープン・アプローチ、の3つに分けて説明している（森岡　2010、110頁）。まず、「伝統的アプローチ」は伝達内容が既成のもの、「プロセス的アプローチ」は伝達内容が生徒以外の第三者によって決定され、教師はそれを伝達する代理人となるもの、「オープン・アプローチ」は教師が生徒と共に学んでいく「援助者」となることであるという（今津、樋田　2010、110頁）。本書は、③のオープン・アプローチを取り入れた実践とはいかなるものであるのかを考える。そのために、教師は生徒とともに学ぶ「援助者」であると捉える。森岡の説明によれば、「この『オープン・アプローチ』は、近代のおとなが直面した『知恵の行き詰まり』『絶望の産物』であり、媒介項としての『知識』を後景に追いやった結果生まれた。ただ、知識を追いやったことの結果として、教えることをしない先生がたくさんいて困る」（森岡　2010、110頁）と指摘する。また、「教師は学習者と共に練り上げていくプロセスの中で、学習者に導き教える役割があり、それが教育である」（森岡　2010、115-126頁）という。さらに、「全ての国民に共通する一般的な国民教育制度などが存在するのではなく、教育はマニュアル化できない」（森岡　2010、115-126頁）ことを強調している。

つまり、教員には学生と対話しながら共にクラスを築く姿勢が求められており、学生の主体的な参加をサポートし、必要に応じて指導する役割がある。教育現場では、教員と学生が共に学ぶことと、教員が学生を適切に導くこと、そして教員と学生の力関係、のバランスが重要になる。また、教員には学習内容や方法について常に批判的な見方で捉え直し、改善しようとの意欲と姿勢が必要になる。これは、学習計画を立て（Plan）、実践し（Do）、省察して（Check）、改善する（Action）のサイクルを実行することである。本書では、「教育者」は学習者と共に学ぶだけでなく、学習者が教育実践を通じて知識（当該科目の基礎知識）を習得し、技能（自己主張する技能、他者の意見を傾聴する技能など）や態度（寛容な態度、協調性など）を身に着けられるように、サポートする立場にあるとの前提で検討する。ただし、教員が学生を「指導する」という点については、学生の主体性を尊重しながら参加型で授業を進め、教員はあくまで知識や技能を教え導く立場にあり、一方的に知識を教え込むことではないことを理解して実践する必要がある。

2　多文化クラスの教員に求められる資質

前項では、教育現場における教員の役割を教育者という観点で検討した。本項は多文化クラスを担当する教育者に必要な資質を考えたい。加藤（2009）は多言語・多文化の学生を指導する「教育者」の資質として、Miles（Matthew B. Miles）が「効果的な訓練者」として挙げた、次の9つを引用している。

①変化に寛容であること、
②文化背景の異なる人とスムーズに意思伝達を行うこと、
③異文化の受講生が学ぶことに本心から手助けしようという純粋な動機を持つこと、
④受講生の学びを進んで助け、そのことが受講生に認められなければならないこと、
⑤教育者もグループの１人として、柔軟に訓練に参加すること、
⑥文化背景の異なる集団に敏感でなければならないこと、
⑦文化背景の異なる集団に対して、学校教育から得た知識だけでなく、実際的な知識を持っていること、
⑧体験学習の訓練に精通していなければならないこと、
⑨学習方法について十分な知識を持っていなければならないこと。

（加藤　2009、17頁、Miles 1959、215-216頁参照）

Milesは、以上の9つについて、重要な順に列挙していると説明する。これらは多文化クラスを担当する教員が、多様なバックグラウンドの学生一人ひとりの積極的なクラス参加を促すために必要な資質でもある。バンクスは、教育者に求められる資質を「多元的な視点」という言葉で次

のように説明する。「違いを尊重することは、より力の弱い集団の搾取を防ぐうえで重要であるが、ステレオタイプ化につながると過度に分裂主義的になることもある。教育者は違った集団の間に、あるいは同じ集団内部における人々の類似性や違いをいずれも強調しすぎないように、バランスのとれた見方をする必要がある」(Banks訳書　2006、65頁)。つまり、教員は多元的な視点で学習者と向き合い、学習者が多様な他者の存在を認めて、互いに尊重し合えるような指導と支援をする必要がある。ここで、多文化クラスの担当教員が心得ておくべき指針として、Miles (1959)が挙げた9つの点と、バンクスが用いた「多元的な視点」を参考にしながら、次のようにまとめておきたい。

①学生と共に学ぶ姿勢で授業に臨むこと、
②学生の主体性を尊重し、柔軟な態度で臨むこと、
③学生に適切なアドバイスと必要に応じた指導をする姿勢を持って接すること、
④多様なバックグラウンドの学生と寛容な態度で接すること、
⑤学生と対話することを大切に、一人ひとりと向き合うこと、
⑥言語などのハンディキャップのある学生への配慮を常に心がけること、
⑦言語の違いや文化背景に配慮し、適切な支援やサポートをすること、
⑧学生との信頼関係構築に努めること、
⑨学習内容について十分な知識を持ち、授業のための事前準備をすること、
⑩まずは教員から多元的な視点で学生に接すること、
⑪自らの経験を生かして実践を行い、自身の実践を省察すること。

本書において、教員は学生が対等な立場で授業に参加・発言できるように、まずは教員が多元的な視点を身に着けて、学生にも多元的な視点で接し、学生の学びを支援する役割を担うものとする。さらに、教員は

学生がクラス内で身に着けた「知識、価値/態度、技能、行動力」を身近な生活の中で生かしていくことができるように、学習テーマを慎重に選定し、学習内容を工夫する必要がある。第4章と第6章、第7章では、多文化クラスの事例を紹介しながら、教員の関わりや学生の主体性を引き出すための仕掛けの工夫を具体的に説明する。

また、本書では教員について、学生の主体性をできる限り尊重しながら、参加型で授業を進めるファシリテーターと捉えることにする。杉澤(2010)はファシリテーションについて、「集団による知的相互作用を促進する働き」と説明しており、ファシリテーターには、「『学びや議論の場におけるプロセス』にかかわり対等な関係性の中で活動ができるよう促進する役割・機能」(杉澤　2010、31頁)があると説明している。本書で紹介する筆者の事例では、このようなファシリテーターを目指して実践している。

第4節　多文化共生を促進する学習のあり方

前節まで、多文化クラスの課題、そして教員の役割について論じてきた。ここでは、多様なバックグラウンドの学生が集まるクラス内に「多文化共生」を構築するため、教育実践においてどのような基本原則が必要であるのかについて、倉地(1992)の見解を参考にしながら検討する。先行事例を見てみると、多文化クラスにおける実践例は多数紹介されてきたが、それらはいずれも報告にとどまっており、多文化クラスを運営する際の理論的な枠組みとして構築されたものはなかった。多文化クラスの運営上の問題点について議論したものもほとんどない。そのような中で、倉地(1992)は、「異文化」への適応という観点から企業や軍隊などの任務を受けて海外に赴く人々を対象とした「異文化訓練法」という講座に対して、次のような問題点があることを指摘している。これは多文化クラスにも当てはまる共通する課題であるように思われる。

①目的文化の「異なり」「異質性」が意識的・無意識的に強調されている。
②訓練の終局的な目的が、一定期間、海外での任務や帰国後の任務を滞りなく遂行するためのコンディションを整えたり、スキルを習得したりすることに置かれている。
③必ずしも人間の全人的成長、異文化との調和的な関係の樹立を目的としているわけではない。
④認知、情動、行動の境界が画され、三分化されたものの中の、1つか2つを取り立てて重視し、強化しようとする傾向が強い。
⑤訓練法は体系化され、マニュアル化されているため簡便で、誰でも気軽に運用することができる。
⑥訓練は、トレーナーによって短期間に行われることが多く、プロセスよりも効果（訓練結果の評価）に重点が置かれている。

（倉地　1992、33頁）

倉地(1992)は、以上の6つの点は、訓練という名のもとに実施された講座の問題点であり、訓練と教育は必ずしも同じではないと述べている。そして、「訓練法により導かれるものは、新しい時代の異文化コミュニケーションの目指す方向と同一ではない」（倉地　1992、52頁）と説明している。さらに、「『異文化コミュニケーション』の中で、適応問題を考えたり、意思疎通の技術を身に着けたりすることは、訓練として短期間で習得されるものではなく、淘汰され、培われ、蓄えられていくものでなければならない」（倉地　1992、50頁）と述べている。ここには、訓練といった言葉で、短期間のうちにマニュアル的に詰め込まれる知識や技能は不十分であることが示されている。そして、そこに全人的成長を促すような、教育的要素が必要であることが示されている。このことを言い換えると、「異なり」や「異質性」を意識し、調和しようとしたり、スキル修得を重視したり、「認知、情動、行動」の3つを別々に捉えたりするのではなく、学びのプロセスを重視した、継続的な「教育」が必要であると考えられる。

⑤については、一見するとトレーナーに必要な知識や技能を明記してマニュアル化しておけば、誰もが同じ内容を共有することができ、効率的であるように思われる。しかし、講座の内容は一定ではなく、集まる人の興味・関心・レベルに合わせて常に教育者と受ける側で対話しながら調整していくものであり、そこには柔軟性が求められる。つまり、マニュアルを作ってしまうと、多様性に柔軟に対応できなくなる危険性があることから、あくまで指針として示すことにとどめる必要がある。

これらの6つの点は、多文化クラスの運営上直面する問題点とも関連している。例えば①の点について、多様なバックグラウンドの学生が集まるクラスの中で、「異なり」や「異質性」が強調されすぎれば、共通性への気づきを促すことが難しくなり、異文化理解に逆効果を及ぼしかねない。②の点についても、教育実践において結果を重視した授業を行えば、知識習得を重視する詰め込み授業となり、学生が共に学ぶ意識を高めることができなくなる。その他の点についても、教育実践、ないしは多文化クラスという文脈で気を付けるべき点が的確に指摘されている。これまで議論してきた多文化クラスの特徴や教員の役割を踏まえて、倉地（1992）が挙げた「異文化訓練法」の問題点に対して、教育を通じていかなる解決策（方針）を取るとよいのかについて、以下の6つを研究の手続きにまとめる。本書では、この6原則を第4章と6章、7章の多文化クラスの中で実践に織り込んでいく。そのため、各項目の後に多文化クラスにおいてどのように実践するとよいのかについて説明を加える。

①誰もが対等な立場で語ることのできる学習テーマを提示すること。

「異文化訓練法」では、自文化と異文化を比較することで、違いが強調されすぎることが指摘されていた。先述した多文化クラスの先行事例においても、異文化理解や異文化コミュニケーションといったタイトルで留学生と日本人学生が相互の違いを意識しすぎる傾向にあると指摘されていた。本書では、留学生と日本人学生が対等な立場で学ぶために、誰もが自分のことと捉え、当事者として考えることができるテーマとして、6章で「人権」という普遍的な概念を取り上げて、人権が有効なテーマになりうるかについて考える。また、7章では人権以外のテーマの可能性についても検討を加える。

②明確な学習目標の設定と学びのプロセスを重視した学習活動を計画すること。

本書では、授業の成果だけを目的とする実践ではなく、1つ1つの学習プロセスを重視して、一貫したテーマと目標のもとで学習計画を立て、留学生と日本人学生が共に学ぶ意識を高めていくことができるようなプログラムを検討する。

③学生が積極的にクラスに参加して、差別や偏見を持たず、寛容な態度で他者と接し、共に学ぶ態度を身に着けられるように、クラス内の活動を工夫すること。

第6章では、人権をテーマに取り上げる。それは、人権が学生にとって議論を始め、そして深める切り口になると考えるからである。しかし、クラス内の議論が多面的・多角的になれば、学生間に意見の衝突が生まれ、矛盾や葛藤を経験することも予想される。本書では、このようなクラス内の議論から生じるであろう矛盾・葛藤を低減し、他者に対する思いやりや寛容性を育成するために、次のようなクラスルーム・ルールを設定することが有効であると考える。①クラスで出された発言はクラス内にとどめること、②クラスの中で学んだことは外で行動に移していくこと、③自らについて語りたくない場合は、身近な他者について語ってもよいこと。また、学生にルールを徹底するだけでなく、クラスを運営する教員は、学生の多様性を尊重し、多元的な視点で学生と接する必要があろう。

④教員はクラス内の学生同士、教員と学生の間に十分な対話が実現できるように努めること。

多文化クラスでは、教員が学生のバックグラウンドの違いに配慮して、課題の事前、遂行、事後段階で密接な対話をすることが大切になる。また、プログラムは教員が学生とともに話し合いながら、改善・修正を繰り返していくものである。その中で、教員は学生と共に学ぶだけでなく、学生に必要な足場作りを行い、指導する責任もあることから、その力関係のバランスに注意しながら授業を進める必要がある。

⑤クラスに参加することで知識習得だけでなく、併せて価値/態度、技能、行動力を身に着けられるように学習内容を工夫すること。

教員は学生に一方的に知識を伝達するのではなく、学生が主体的に参加し、「知識、価値/態度、技能、行動力」を身に着けられるように、学習内容を工夫する必要がある。また、サポートの必要な学生（例えば、批判、技能、疑問、説得といったスキルを身に着けてこなかった学生）には、教員から適切な支援を行って、学生の積極的な参加を促す必要がある。

⑥クラス内で学んだ知識、価値/態度、技能、行動力が、社会で他者と共に生きる力につながるようなプログラムを考案すること。

本書では、クラス内の学びが知識の詰め込みや、その場で必要となる限定的なスキルの習得ではなく、学内や社会、国、世界に還元される効果をもたらす教育実践のあり方を検討する。そのために、まずはクラス内で身近な社会の問題を具体的に掘り下げて議論し、それらの問題に対して学生が共に解決策を探っていけるような学習計画を立てる。

以上の6原則は、倉地が「異文化訓練法」の講座に対する批判として挙げた6つの問題点に対して、多文化クラスを運営するうえで、何が必要であるのかといった観点から検討を加え、教育実践の枠組みとして提示したものである。次章以降の筆者の教育実践（第4章と6章、7章）は、これらの基本方針に沿って進めたもので、事例を考察しながら、教育現場の個別事情を説明する。

まとめ

本章では、多文化クラスに関わる先行事例を考察した。その中で、クラス内に多文化共生を構築するうえで、学生の言語や意識の違いが阻害要因となり、学生間に親密な関係を築きにくいとの課題が指摘されていた。これまでの事例では、言語面で支援体制を敷いたり、教員がクラス内でサポートを行ったりしながら、解決策が講じられてきた。その中で、多様なバックグラウンドの学生が共に学び合う環境を築くために教員が重要な役割を担っており、学生に知識を一方的に教えるのではなく、ファシリテーターとして多元的な視点で学生と接し、プログラムやクラス運営を工夫し、学生をサポートする必要性が示唆された。本章の最後には、「異文化訓練法」の課題として挙げられた6つの問題点に対して、それらを多文化クラスに当てはめて改善点を検討し、多文化クラスを運営する枠組みとして提示した。これらの6原則は、クラス内に多文化共生を構築するために必要な学習環境条件や方法論、テーマを含んでいる。次章以降は、先行研究や実証的な分析を通じて、これらの6原則が多文化クラスにおいて有効であるのかについて議論を深めていきたい。

II部

学習環境と教育方法

第3章　多文化共生を構築するための学習環境と教育方法

本章は、留学生と日本人学生が共に学ぶクラス内に「多文化共生」を構築するためには、どのようなクラス環境が適しているのかという観点から、学習環境条件について検討する。

心理学者オルポートは、あるコミュニティを対象に、黒人と白人の間に友好的な関係性を築くには、3つの条件（対等な関係、共通の目的、組織的な支援）が揃うと効果が高まると述べている（Allport訳書　1961、240頁）。本書では、この3条件が多文化クラスに援用できるのではないかと仮定して議論を進める。

クラスはコミュニティと異なり、動的であり、限定された期間と空間、学生が学習目的で集まるところである。そこには教員が関わっていることから、オルポートの理論をそのまま当てはめればよいと単純に考えることはできない。考察を進めるうちに、学習環境を整えるだけでは十分でなく、教育の方法についても検討が必要であることが示唆された。本書では教育方法の1つとして、学生間、学生と教員の間の「対話」が重要であると考えて、教育実践における対話の必要性を事例にあてはめながら考察する。

第1節　オルポートの理論とその援用

前章では、多文化クラスにおいて留学生と日本人学生の親密化を阻害する要因とその解決策をまとめた。本章は、人と人の接触場面において、共生を妨げる諸要因(偏見やステレオタイプ)を排除するため、いかなる方策が必要であるのかについて検討する。その理論的な枠組みとして心理学者オルポートの見解を参考にする。1950年代後半に提唱されたオルポートの理論は、その後もさまざまな反論が寄せられながらも、異文化接触の研究において、もはや古典となっており、現代でも多様な状況や場面で援用されている。

ところで、偏見とステレオタイプは何が違うのか。オルポートは偏見について「非好意的な方向と同様に好意的な方向にもあるけれど、民族的偏見の大部分が否定的偏見である」（Allport訳書　1961、6頁）と説明し、偏見は必ずしも否定的なものばかりではないが、それが集団全体に向けて、また集団のメンバーであるという理由で個人に向けて、意識されたり、表明されたりする場合があり、その時には否定的なものになるとしている。一方で、ステレオタイプは、「カテゴリーと結びついた誇張された所信であり、その機能はそのカテゴリーに関しての我々の行為を正当化する」（Allport訳書　1961、168頁）と説明している。オルポートは偏見とステレオタイプを同義とは考えていないが、両者には関連があり、共通する点として自己を正当化し、他者を否定的にとらえる傾向があるとしている。本書でも、偏見とステレオタイプは同一ではないが、双方には共通する点があり、それは認知や感情、態度の面で、相手に対して否定的な思いを抱くこと、そして時にその思いが他者に不利に働くものであると捉え、これらの要因を排除する方策を検討する。

1　オルポートの異文化接触を友好的にする条件

オルポートは、偏見やステレオタイプが生まれるのは、黒人や白人という人種の違いや能力の差に少なからず要因があるのではないかと考えていた。また、双方が接触することで相互理解を深めることができると考えながら、いかなる条件があれば、友好な関係性を構築できるのかについて検討する必要があると指摘していた。オルポートはその条件を明らかにするため、黒人と白人が共に働く職場を対象に、調査研究を行った。オルポートの研究の基礎には、クレイマー（Bernard M. Kramer）の先行研究がある。クレイマーはシカゴの黒人地区において、黒人と白人の集合住宅と戸建住宅の住民に対して意識調査を行った。その結果、戸建住宅では日常黒人と白人に接触の機会が少ないため、双方の緊張が増えるのに対して、集合住宅では日常的に黒人と白人に接触の機会があり、接触することで、それまでコミュニケーションを妨げていた障壁が取り除かれ、ステレオタイプの逓減につながることが分かったという[9]（Kramer, 1950；Allport訳書　1961）。

オルポートは、アメリカ社会において黒人やユダヤ人が、居住、職場などで白人と接触することで「偏見」が生まれることは避けられないと述べながら、それを解決するために、いかなる条件があれば、人々の人種、膚色、宗教、出生国などに関わりなく、ステレオタイプの打破や友好的な態度の発展につながるのかについて検討する必要があると考えた。

そして、職業上の接触場面においてこのクレイマーの調査結果が援用できるのではないかと考え、職場環境を対象に調査を行った。その結果、仮に接触当時は白人が黒人に対して、低賃金で低地位というステレオタイプを持っていたとしても、白人と黒人が対等な地位で接触する機会を持つことで偏見が減少されることを明らかにした。また、一人ひとりのパーソナリティは人種や民族的な特性の差異が影響しているとしても、それは唯一の原因ではなく、生まれ育った環境や教育の違いなど、さまざまな要因が相互に関係して、徐々に形成されていくものであることが分かったと説明している。さらに、人は外見から他者を判断する傾向があり、間違った一般化と敵意により人間の心には自然に共通の能力として民族的偏見に陥る危険性があることを指摘している（Allport訳書　1961、16頁）。そして、本当はまれにしかない特徴であるにも関わらず、自分が属する内集団にはない差異が外集団にはあり、それが普遍的であるかのように想定されてしまうのだと説明している（Allport訳書　1961、87頁）。

9　オルポート（1961）は、Kramer（1951）が行った先行調査を援用しているが、Kramerの研究結果については、書籍として未刊であったため、本書ではオルポート（1961）を引用している。

以上のように、オルポートは職場環境において、労働者が共通の目標に向かって人種に関係なく、協同の関わりを持つことで、両者の意識に変化が見られるようになることや、この共通の利害が黒人と白人の接触に効果的に働くのだと説明する。ただ、これらは特定の効果につながったとしても、人の知覚や慣習に影響を与えるほどの効果には至らないのだと述べている（Allport訳書　1961、236-238頁）。

このように、コミュニティの中で黒人と白人の間に友好な関係性を構築するため、まずは複数のグループのメンバーが対等な関係で直接関わりを持つことが大切である。そのことにより他者に対する知識が増え、それまでの考え方が間違っていたことに気付き、偏見を軽減することができるようになる。オルポートはこれを「コンタクト仮説」と呼んでいる。そして、黒人と白人が接触する場面で、①対等な地位、②共通目標の追求、③制度的な支援、の3つの条件が揃えば、友好的な「異文化接触」となる可能性が高まると述べている。ここでの「制度的な支援」とは、「法律や慣習、その地方の雰囲気など」を指していると説明している。そして、この3条件はアメリカ社会の特定の対象や状況においてのみならず、ある程度偏見を持った人たちに一般的な推論として当てはまるものであるという（Allport訳書　1961、240頁）。コンタクト仮説の解釈の中で、4つ目の条件として、表面的な接触より親密な接触であることを加える考え方もある。本書では、オルポートの見解を基本としてこれをクラス内に当てはめて考察するが、クラスには学生が授業を受けるという目的で集まることから、あえて表面的な接触と親密な接触の区別はしないでおくことにする。

オルポートのコンタクト仮説は現在に至るまでの約60年間、一定の支持を得ながら、多角的な議論に発展してきた。例えば、オルポート自身は、直接接触する集団を調査対象としていたが、異文化を持つ友人がいるという間接的な関係であっても、異文化接触は肯定的になるのではないかという意見が出されている。また、オルポートはコミュニティという集団を対象に研究を行ったが、実際にはコミュニティとひとくくりにできない個の側面があるのではないかという指摘もある（Sherif, M., Harvey, O. J., White, B. J., Hood, W. R., & Sherif, C. W., 1961）。しかし、オルポートは集団と個を分けて個が持つ特徴や違いについての研究は行わなかった。

2　シェリフ他によるオルポートの理論の援用

前項の点を踏まえて、社会心理学者のシェリフ他（Sherif, M., Harvey, O. J., White, B. J., Hood, W. R., & Sherif, C. W., 1961）は、オルポートの見解を援用しながら、その中では十分でなかった、個の側面に着目した。彼らは社会学と心理学の両方から実験と計量的調査（まずは研究対象者を観察し、実験後に質問紙を使って他者への好感度を訪ね、実験前と後でそれらの測定結果を段階ごとに比較する方法）を行い、集団と個という2つの側面からの調査を試みた。

シェリフ他の研究は、以下の点でオルポートの研究と異なっている。まずシェリフ他は、実証研究をするために、約300時間かけてインタビュー等を行って研究対象を選定し、最終的に22名の男子（中流階級・相互に知らない者同士、11歳から12歳）を抽出している。オルポートはすでに存在するコミュニティを対象としていたが、シェリフ他は調査を行うために、研究対象を厳選している点に大きな違いがある。そして、この22名を2つのグループに分けて、あるキャンプ場で第1～3段階の活動を行わせる。第1段階はグループで共に行動する活動、第2段階はグループ間の競争的な活動、第3段階はグループ間の協同的な活動である。シェリフ他は各段階を通して、参加者がグループでのトラブルを乗り越えて徐々にメンバー同士の信頼関係を築いていく様子や、他のグループに対する敵対意識の芽生えとそこからグループ間の協力的な関係へと変化していく過程などを観察している。そして、計量的に一人ひとりの他者に対する好感度の変化を分析したところ、一連の活動を通じて得られた結果から、「グループ間で同じ部屋でおいしいものを食べる、映画を一緒に見る、花火をする、といった単なる接触では、いずれも自己満足に終わってしまい、ネガティブな要素を減らすことができなかった。そこではグループ間の相互関係が欠如しており、衝突を減らすような効果までは生まれない」（Sherif et al. 1961、158-208頁）ことが分かったと述べる。また、「実験的に問題のある状況を作り出し、その中でグループの反応を見たところ、彼らはその共通の問題に対して、共に解決策を考えようと努力する姿勢が見られ、創造的に計画を立てて、実行しようとした」（Sherif et al. 1961、209頁）ことを挙げ、「このような活動を用意することで、グループ間で共に問題に取り組もうという意識が生まれる」（Sherif et al. 1961、211頁）と説明している。

つまり、シェリフ他（1961）は、調査者が対立する集団に対して、あえて共に協力しなければ解決できない活動を設定し、さらに「上位の目標（superordinate goals）」を立てることによって、一人ひとりの意識が変化し、他者への好感度が上がることを確認した。そこでは、対立集団が共通の目標に向かって共に計画を練り、決断して物事に取り組むことによって、グループ間での接触や個人間のやり取りが生まれ、グループ間の背後に存在する権利闘争が解決され、徐々に良好な関係性を築くことができるようになるのだという。ここでシェリフ他（1961）は、あえて1つのグループだけでは解決できない状況を作り出し、他のグループと協力関係を持つ必然性に気付かせることが大切であると指摘する。例えば、2つのグループに共通する水の供給タンクが丘の上にあり、そのタンクに不具合があり、改良工事しなければならないとき、必然的に両者は共にその工事に関わるようになるのだという（Sherif et al. 1961、51-52頁）。ただ、1つの活動だけでは人の態度や振る舞いに大きな変化をもたらすことは難しいとも指摘する。そのため、共通の目標を達成するために様々な活動を用意する必要があり、グループ同士の関係性が徐々に築かれ、打ち解けあっていくのだと説明している。その中で、相互に情報を交換しながら、理解を深めていくのだという。またシェリフ他（1961）は、リーダーの役割についても言及している。リーダーは、グループ間で活動するとき、グループの状況を把握したり、将来的な計画を立てたりするうえで判断を下す重要な役割を担っており、リーダーが承認した提案や計画が活動を行ううえで効果的な結果を生むのだと説明する。このリーダーの役割は複数のグループで活動を行う場合のみでなく、1つのグループ内で活動する場合にも同様にあてはまるという（Sherif et al. 1961、88頁）。

先のオルポートの調査と異なる点は、シェリフ他（1961）がグループ内やグループ間の関係、構成員の態度やステレオタイプの変化を観察し、アンケート調査を行って個々の構成員の態度の変化に着目し、研究を行った点である。その結果、オルポートの3条件の2つ目「共通の目的」に、「上位の目標」を追加して、相互に協力しなければ解決できない仕掛けを設定することが必要であることが示された。また、シェリフ他（1961）は、各自が相手に抱く好感度を計量的に測定した実験の中で、一連の活動を通じてメンバー同士の好感度がプラスに変化することを確かめている（Sherif et al. 1961、189-190頁）。そして、集団と個という2つの側面から具体的な考察を行って議論を深め、その中で1つの活動だけではこの意識変化を確認することができなくても、複数の活動を用意することで、徐々に対立するグループに対しても理解を深め、良好な関係性を築いていくことができることを明らかにしている。

3　ブリューワーとミラーのオルポートの理論の援用

次に、オルポートの3条件を援用しながら、シェリフ他の見解とは異なる新たな視点を提示したブリューワーとミラー（Brewer B. Marilynn, & Miller Norman）の先行研究を紹介する。まず、ブリューワーとミラーは、オルポートがコンタクトする中で生じうる他者との意見や価値観の不一致が想定されていないと指摘している（Brewer & Miller　1996、109頁）。このような状況は特異な集団の接触以外の場面においても起こりうるが、自己と他者の接触により、思い通りにいかないときに感じる不満、悲しみ、憂鬱といった感情を克服するために、オルポートの3条件だけでは十分でないと説明する。そして接触がうまくいかない状況をあえて想定して、どのように対処するのかという「不一致の理論」を考慮する必要があると述べている。この不一致の理論は、もともとはクック（Stuart W. Cook）が主張したものである。クック（1985）は、不一致を防ぐために、

①グループのメンバーの間に、平等な関係で相互交流を行う状況が整っていること、
②相互交流が各自のステレオタイプを反証するような行為につながること、
③接触する2グループが協力的な関係にあること、
④構成員が密接な接触となる潜在的可能性があること、
⑤グループの間に相手を受け入れる好意的な規範があること、という5つの条件が必要であると述べている
（Cook　1985、453頁,Brewer & Miller　1996、109頁引用による）。

上記に挙げられた5条件は、潜在的に親密な関係性が構築される要素や可能性があるとの前提に立っているが、集団的接触が好意的態度になるために、接触の過程で非好意的な集団へのステレオタイプ化された信念を打ち砕くとき、という条件が別に加えられていると考えられる。見方を変えると、この不一致の理論の前提には、オルポートの3条件があると考えられる。例えば、1の「平等な関係で相互交流する状況を整えること」を満たすために、オルポートの条件3「組織的な支援」として、仕掛けを設定する必要がある。その他の条件を見ても、いずれもオルポートの3条件を基礎に置き、それらを具体化したものと考えられる。

ブリューワーとミラー(1996)は、自分が所属する内集団と、それ以外の外集団を再カテゴリー化する必要があると述べている。そして、「内集団と外集団が共に協力的な関係性を持つこと」（Brewer & Miller　1996、132頁）が大切であるという。つまり、接触を通して外集団と協力関係を築き、内集団の中に外集団を包含することで、外集団への理解を深めていくことができるという。ただ、内集団が肥大化し、自己認識の曖昧化といった別の問題が起こる可能性があるという批判も出されている。

4　本書におけるオルポートの理論の解釈

前項までの議論が、オルポートの問題意識を引き継いだ研究者たちの成果の一部である。本書はオルポートの3条件を基礎に据えながら、それらをうまく機能させるために、シェリフ他（1961）が主張した「上位の目標」とクック（1985）に始まるブリューワーとミラー（1996）の「不一致の理論」を参考にしながら、それを多文化クラスに当てはめて議論する。以下に、本書におけるオルポートの3条件の解釈をまとめておく。

条件1「対等な関係」は、ある集団を形作る構成員が対等な立場で関わることを前提としている。この点について、ブリューワーとミラー（1996）は、構成員自身が他者を受け入れる潜在的な能力を持っていることが必要で、この潜在性は単に外から仕掛けを設定することだけで生まれるものではないと説明している。また、この潜在性は誰もが持っているものであり、他者を知らないためにステレオタイプや偏見を持つに至ったのであれば、接触することにより、変えることができると説明している。つまり、自己と他者の関係性を築くために、誰もが持っている潜在性を引き出すような仕掛けを工夫することが重要になる。

条件2「共通の目的」は、同じ目標に向かって共に取り組むことと捉える。シェリフ他（1961）は「上位の目標」を考慮する必要があると述べている。これは共通の目標よりも強い意味で対立する集団と共に取り組まなければ解決できない課題を用意することであり、そのことでそれまで敵であると思っていた相手グループと関わり、初めて双方に歩み寄りの姿勢が生まれるのだと説明している。ブリューワーとミラーも敵と味方に関係なく、他者と協力的な関係を持つことが大切であると述べている。つまり、この目標の共有にも、他者と共に取り組むべき仕掛けが必要となる。

条件3「組織的な支援」は、社会の秩序を保つための規範を示しているが、ブリューワーとミラー（1996）は「構成員がステレオタイプを反証できるような仕掛けや、平等な関係で相互支援できるような状況の設定」が必要であると説明していた。ここには規範を設定するだけでなく、組織的に状況を作り出し、それをサポートする体制が必要であることも示唆されている。

加えて、シャリフ他（1961）は、1回の接触（活動）では関係性の構築に十分でなくても、3段階に分けて活動を行う中で、徐々に意識変化が生まれることを挙げている。この点について、本書で取り上げる多文化クラスは、留学生と日本人学生が15回の授業を通じて、繰り返し共に学び、活動を行うことを想定しているため、条件としては満たされていると考える。

本節では、オルポート（1961）が築きあげた「異文化接触を友好的にする条件」を紹介し、これを援用しているその他の先行研究について言及した。その中で、異文化接触を肯定的にする条件として、オルポートの3条件は支持されながらも、多角的な議論に発展してきたことが分かった。例えば、オルポートはコミュニティという集団を対象としていたが、実際には集団とひとくくりにできない個の存在があり、この集団と個の2つの側面を組み合わせて偏見やステレオタイプの低減を図る必要があるとの指摘が出されていたことなどである。しかしながら、未だに異文化接触を友好的にする条件として、確立した理論が存在しているわけではなく、新たな条件が加わる余地があることを付言しておきたい。

次章からは、留学生と日本人学生が集まる多文化クラスを対象に、双方の接触の場を有効に活用するため、オルポートの3条件が援用できるのではないかとの仮説に立って議論を進める。そこでは、留学生と日本人学生という2つの集団を対象とするが、実際にはこの2つのカテゴリーでは分けられない個の存在がある。この点と関連して、第4章2節では、学生の行動の変化という観点から、個に着目した考察を行っている。詳しくは後述するが、留学生と日本人学生の別に拘わらず、グループを構成する一人ひとりの存在は、グループ全体に影響を与えるものである。また、本書では便宜上留学生と日本人学生という表現を用いながら、この二者の関係性（本書では「教員の関わり」を加えて、三者の関係を検討するが、教員はあくまで留学生と日本人学生という二者の関係性をファシリテートする存在であると考える）に着目して、接触効果を検討する。

第2節　クラス内に多文化共生を構築する条件

これまで、オルポートの3条件は教育現場でも参照されてきた。本節では、まずオルポートの3条件を教育現場で援用している先行研究を紹介する。そして、前節で説明したオルポートの3条件の解釈を踏まえて、この3条件が多文化クラスで援用可能なのか、また援用できるとすればどのような形になるのかを検討する。

1　オルポートの3条件を援用する先行研究

留学生教育を専門に研究している横田（1993）は、「留学生の受け入れ体制」という観点から、オルポートの3条件に依拠した研究を行っている。横田（1993）は、オルポートの条件1「対等な関係」について、留学生は学生としての身分が保証されており、他の学生と対等な関係が築かれていること、条件2「共通の目的」については、学びと学位の取得という目的が明確であること、条件3「組織的な支援」については、日本政府からの支援や大学からのサポートがあることから、基本的にはこの3条件が満たされていると説明している。一方で、「異民族の接触が相互理解をもたらすためには、単に接触機会を増やせばよいという単純なものではない。オルポートは、異文化接触が肯定的な結果をもたらすためには、①対等な関係、②共通の目的、そして③組織的な支援の3条件が必要であると述べているが、『援助』というのはどうしても一方向のベクトルになりやすく、ややもすると対等な関係の形成や互いの学び合いという共通の目的意識の醸成を阻害しかねない」（横田　1993、671-672頁）と指摘している。そして、「助けること（者）と助けられること（者）という一見すると一方向的な行為が、両者にとって共に主体的な行為になるときに最も創造的であり、相互裨益的である」と説明している。また、留学生への援助は「その内容の善し悪しというよりも、むしろ援助者との信頼関係に左右される」（横田　1999、15頁）と述べている。つまり、「援助する・される」という関係ではなく、双方が主体的に関わることのできるような信頼関係を構築することが重要であるという。そして、「支援の関係を、支援する者と受ける者の両者に肯定的な相互交流につなげていくには、このような異文化接触のダイナミクスを理解するという課題に向き合わなければならない」（横田　1999、14頁）と述べている。ここには、オルポートの3条件を満たすうえで留学生が完全な受け身にならないような配慮が必要であることが示唆されている。

異文化間教育を専門とする倉地(2006)は、留学生と日本人学生の接触場面で、オルポートの3条件を援用しながら、そこには接触から生じる「ステレオタイプ」が想定されていないことを指摘する（倉地　2006、68頁）。そして、「ステレオタイプの逓減」には、1. 対等な立場で、2. 共通の目標を持って協力するような協同作業や協同学習を伴う異文化接触、3. ステレオタイプを反証するような行動の促進、4. 個人的に知り合う機会、5. 平等な関係をよしとする集団規範、社会規範を提供しうるものであること、という5条件が必要であると述べている（77頁）。先に挙げた横田（1993）も「異文化接触」の機会を増やせば自然に親密な関係が築かれるというほど単純ではないと指摘していたが、倉地(2006)は、接触の仕方や中身を工夫することでステレオタイプを低減することができると述べている。そのために、オルポートの3条件の他に、3「ステレオタイプを反証するような行動」や4「個人的に知り合う機会」を設ける必要があると説明している。この3と4は、いずれも組織的な支援にあたる部分である。つまり、まずは大学や教員が学生間に良好な関係性が築かれるような教育活動や機会を提供し、さらに活動内容や仕掛けを工夫する必要がある。

2　多文化クラスにおけるオルポートの3条件

オルポートの3条件は、多文化クラスにも援用できるのであろうか。ここで、前節の4でまとめたオルポートの3条件の解釈を基本に据えながら、これをどのように多文化クラスに当てはめていくのかについて、以下にまとめる。

まず条件1「対等な関係」は、留学生と日本人学生を対象に、双方が同じ条件で参加し、同じ基準で評価される状態にあること、と捉える。教員もできる限り学生と「対等な関係」を築くことが求められるが、教員には成績を出し、学生を指導する責任があることから、学生と常に対等な立場にあるわけではない。また、前章でも述べたが、教員には学生と共に学ぶだけでなく、指導力（責任）が求められており、そのバランスが必要である。バンクス（2006）は教師や学校管理者の立場について、「権威を維持する必要があるが、生徒による意思決定が適切に行えるように、一定の権限を放棄する必要がある」（Banks訳書　2006、39頁）と述べており、教員が一方的に教えることを否定しながら、一定の権威を持って指導する責任があると説明している。さらに、教員は生徒や学生が参加しやすい学習環境を築き、学生と信頼関係を保つことができるように、学生と対話しながら民主的なクラス運営に努める必要があるという。本書では、このバンクスの見解を参考にしながら、教員は学生が互いに対等な関係を築くことをサポートする立場にあると考えて議論する。またクラスは、オルポートが対象とするコミュニティと異なり、動的であり、教員が関わっていることから、教員による動的なサポートがうまく機能すれば、留学生と日本人学生の間に共生関係を築くだけでなく、それを促進していくことが可能になる。ただし、教員がどこまで支援すべきなのかについては検討が必要であり、この点については第4章と第6章、第7章で、具体的な事例を紹介しながら検討する。

条件2「共通の目的」は、学生の受講目的が様々であることから、全員が同じ目標を共有しているとは限らない。あえて多文化クラスに参加する学生の共通の目標を挙げるとすれば、①留学生と日本人学生が共に「学ぶこと」で、新たな気づきを得、自己を確立していくこと、②単位を取得すること、にある。また、グループで活動するプロジェクトを取り入れる場合、グループ内で学生同士が同じ目標を持って取り組むことが挙げられる。本書では、教員と学生が協働で民主的なクラス運営を進め、クラス内に「多文化共生」を構築することを目指して、参加者一人ひとりがこの目標を共有することを「共通の目的」と捉える。ここでの「多文化共生」は、学生が以下のような目的意識を持って授業に参加している状態を指すものとする。

①積極的に参加して発言すること、
②相互に信頼関係を築き、助け合うこと、
③共に学ぶ体験を通じて、多様性への寛容な態度を身に着けること。

第6章では、クラス内に「多文化共生」を実現するため、全15回の授業の中で毎回目標に対する振り返りを取り入れながら、実践を行った。第7章では、「多文化共生」を構築するうえで課題となる、双方の「言語の問題」を解決するために、何が必要であるのかを参加者に尋ね、一人ひとりが取るべき行動を考えさせた。留学生は日本で生活するうえで日本語という言語のハンディキャップを負っているが、このクラスは、教授言語が英語であったことから、クラスの中では、非英語圏の留学生と日本人学生が言語のハンディキャップを負うこととなり、そこには言語の壁があった。そこで2つの集団が共に取り組まなければ乗り越えられない言語の壁を解決することを「上位の目標」として、クラス内でアクション・リサーチを行った。

条件3「組織的な支援」は、主に学生のクラス参加を促すための教員のサポートと捉える。オルポートは、組織的な支援として法律や慣習、その地方の雰囲気などの静的なものを挙げていた。クラスの中でも、守るべき規則は「多文化共生」を実現するうえでも必要となろう。この点について、第6章の実践ではクラスルーム・ルールの設定、という形で紹介する。これは、参加者が自ら守るべきルールを考え、クラス内で共有し、同意を得たうえで、クラス全体の規則として運用するものである。詳しくは後述する。加えて、クラスは動的であり、社会とは異なる多様性・

可変性があることから、教員からの動的なサポートも必要になる。ここでは、教員が学生同士では気づかないヒントを与え、足場作りをする役割を担っていると考える。

また、本書の第4章、第6章、第7章で紹介する筆者の実践例では、グループワークを取り入れているが、グループのメンバー構成を考える際に次のような工夫を取り入れている。全15回の授業のうち、最初の数回の授業は、毎回グループのメンバーを変えて、できる限り異なる学生と共に学ぶ機会を設けている。その中で筆者とティーチングアシスタントは、個々の学生の積極性や参加態度を観察し記録に残す。そして、記録を基に、筆者とティーチングアシスタントは話し合いながら、学生の性別や国籍、積極性などを考慮し、後半のグループワークや発表までに、誰もが発言しやすいメンバー構成を考え、決定している。

前節では、ブリューワーとミラー(1996)が引用していたクック(1985)の「不一致の理論」について言及したが、本書では、学生間に生じる矛盾や葛藤をいかに克服するのかについても検討する。ここでは、教員の介入が重要になると考えて、どのように関わるとよいのか、また教員からのサポートの限界について具体的に事例を紹介しながら説明する。

以上がオルポートの3条件を多文化クラスに当てはめて解釈を加えたものである。クラスは、期間と空間が限定された学びの場であり、教員が働きかけることで、学生間の関係性を促進させることができる場でもある。それでは、教育現場での留学生と日本人学生という異なる集団の接触を活用して学習効果につなげる工夫をすることで、参加する学生に、知識だけでなく、批判的な見方(メタ認知)を身に着けさせることができないだろうか。そのためには、オルポートの3条件だけではなく、何か別の要素が必要になるのではないだろうか。

「メタ認知」という言葉については、第5章の人権教育の学習効果のところで説明するためここでは省略するが、一言で述べるならば、単に新たな知識を得て理解するのではなく、議論などを通じて深い理解を得ること、そして他者と協働的な活動を共に行う中で、他者理解・他者尊重を高めていくことと捉える。

本書では、以上の疑問に答えるため、教育現場における学習要素として、何を題材に取り上げると多文化クラスの特質が生かされ、メタ認知が深化されるのかについて考察する。この点は、第5章以降の「学習テーマ」の選定として検討する。次節では、多文化クラスのクラス環境を有効に活用するために、どのような教育実践を行うとよいのかについて、本書における教育方法を検討する。

第3節　教育実践における対話

本節では教育方法論の中でも特に「対話」によるクラス運営（民主的なクラス運営）に着目して検討したい。「対話」は、オルポートの3条件には含まれていないが、教育現場でクラス内に多文化共生を構築するためには不可欠の要素である。

1　対話とは

「対話」の重要性について説明する前に、まず、「コミュニケーション」と「対話」の違いについて確認したい。

鍋倉（1990）は、コミュニケーションとは「さまざまなメッセージを、言葉および非言語記号によって交換し合うことで、両者が互いに影響し合う過程」（鍋倉　1990、47頁）であると説明している。多田（2010）は「対話」について、

①相互的な関係で、
②相互に影響を与え合う言語・非言語による活動であり、これは変化し継続するものであるという

（多田　2010、53頁）。

さらに、里見（2010）（後述するフレイレの『被抑圧者の教育学』の翻

訳者の一人で、解釈論者でもある）は、「フレイレの言う「対話」は、自分たちが投げ込まれている世界の対話であり、間合いをおいて世界を見つめ、それに向かって問いを発し、さまざまな考えをお互いに出し合いながら考察を深め、問題解釈のための行動を模索する『意識化』の実践であり、それは複数の人間が単に言葉を交わすだけで成立するものではない」（里見　2010、23-24頁）という。

本書では、「コミュニケーション」が日常的なメッセージの伝達として誰もが行う行為であるのに対して、「対話」は自己の考えを相手に意図的に伝え、相手の意見を聞く中で自らの見解も変化していく過程を重視する教育的要素が含まれるものと捉えることにする。

次に、これまで「対話」についてどのような議論がされてきたのかを概観しておきたい。

識字教育の理論家であるフレイレ（Paulo Freire）は、自己と他者が共に参加することによって初めて思考が可能になると主張して、「人間」として生きるために、「対話」が不可欠であると述べている（Freire訳書　1979、97頁）。さらにフレイレは、「教育の対話性」という言葉を用いて教育現場での対話の重要性を強調するために、「対話は人間同士の出会いであり、真の意味での人間化の一番大切な条件である」（Freire訳書　2011、222頁）と説明している。この「人間化」という言葉について、フレイレの『被抑圧者の教育学』の新訳を担当した三砂は、解説の中で、「より人間的であろうとするプロセスそのものである」（Freire訳書　2011、317頁）と説明しており、人間であるために「対話」が欠かせないと述べている。

倉地（2006）は「対話」について、「自分の人生を背負って語ること」であるという（倉地　2006、161頁）。そして、参加するもの全てが同じ立場で融合することで、自ら主体的に多様な異文化に働きかけ、異文化と共に新しい文化の創造や文化変容のプロセスに参画する意欲や能力を獲得できるようになり、これが人生形成の促進にもつながるのだという。倉地は、バフチン［ミハイル・ミハイロビッチ・バフチン（Михаил Михайлович Бахтин）］の見解を支持しながら、「自己と他者が対等な関係で、変革を前提とした内的なかかわりを持つとき、『対話的能動性』が生まれるのであって、教師が生徒に真理や所持している知識を教えることは真の『対話』ではない」（倉地　2006、57-58頁）と説明している。つまり、対話は日常的で表面的な会話ではなく、双方向に特定のコンテクストがあり、自己と他者が意見を出し合うときに、対話を通じて自身の意見や考え方が見直され、文化変容がもたらされるというのである。

2 「書くこと」と対話の関係

「対話」との関連でもう1つ考えておきたいことは、「書くこと」を対話と捉えてよいのかという点である。言い換えると、「対話」は口頭での自己と他者の意見交換に限定されるのか否かということである。教育現場ではレポートの執筆や自分の意見を文章にまとめることなど、様々な場面で「書く」という行為がとられる。多文化クラスでは、言語の障壁があったり、発言の苦手な学生が参加していることから、これらの学生には事前に自分の考えをまとめて書いておくよう指導することが、学生の積極的な参加を促すうえで有効な手段となる。

フレイレは識字教育の推進に携わる中で、「識字は創造と再創造の態度を身に着け、各自が現実に関わる姿勢を生み出す自己変革の力を獲得することである」（Freire訳書　1982、105頁）として、書くことの大切さを強調している。そして、「書くこと」は文字に限定されず、演劇的な空間の創出や、絵による世界の異化なども含まれるという（Freire訳書　1982、11頁）。つまり、フレイレは他者にメッセージを伝える行為自体を「対話」と捉えて、そこには様々な伝達方法がありうるというのである。

成人教育を中心に研究するクラントン（Patricia A. Cranton）は、表現するための準備として「書くこと」の重要性を強調しており、これを「対話」の1つと位置づけている。クラントンは、「書くこと」が私たちの世界観の基礎をなす前提や価値観を問い直すプロセスでもあるという（Cranton訳書　2010、203頁）。そして、日々の出来事をジャーナル・ライティングに残すことで、自己を批判的に振り返る機会となり、「意識変容」が可能になると説明している。また、教育者は学習者のジャーナル・ライティングに応じることが大切であるという（Cranton訳書　2010、213頁）。クラントン（2010）は、この「応じる」という行為が、学習者と教育者の間の「対話」であると捉えている。

倉地（2006）は「書くこと」によって「自己を内省、分析、発見、理解する手段となり、新しい自己の在り方を見出すことができる」（222頁）と説明している。倉地（2006）は、留学生が日本で滞在する際の悩みや不安を解決するため、留学生と一冊のノート「ジャーナル」を介して、インタラクティブなコミュニケーションを行っている。このジャーナルには、交換日記やメールでのやり取りと異なり、責任が求められると説明している。また、対話の機会を提供する側には「教育的配慮」を持って接することが求められるという（倉地　2006、218頁）。倉地（2006）は、この「教育的配慮」が、相手への配慮や、相互理解を含むものであると述べて、このような教育的配慮こそが文化学習の双方向性や共生の実現に必要であるという（倉地　2006、219頁）。ジャーナルを通じて、留学生が日本での生活に抱く不安や問題を解消することができ、留学生と教員の間に徐々に信頼関係が構築されていくのだという（倉地　2006、146-150頁）。一冊のノートを介してのやり取りは一例であるが、生活上の不安を解消するだけでなく、教育的効果も生まれることから、「書くこと」が教育的な意味においても重要な手段になることは確認できる。

本書では、教育実践において、学生同士、学生と教員の間での、「対話」が不可欠であると考えて、対話を教育方法の柱に据える。また、クラスには言語・文化の多様な学生が集まることから、学生の参加・発言を促進するために、「書くこと」が対話の手段になりうると考える。第4章1節と第6章、第7章で紹介する筆者の教育実践では、授業の前にワークシートを渡して、準備をしたうえで参加することを課題とした。学生が意見を持って参加したことで、授業での発言が活発になった。また、事後にワークシートを提出させ、筆者がコメントを書いて学生にフィードバックすることで、授業中に出されなかった学生の意見を聞くことができるようになった。次回の授業で学生の記述内容を紹介することで、学生一人ひとりの意見を尊重しながら授業を進めることができた。このように、シートを通じて学生と筆者との間で、双方向の対話が実現した。また、毎回授業後に用いたコメントシートは、学生の授業に対する意見を聞く機会としても、双方の対話の手段としても有効であった。この点については、第6章2節と第7章で紹介する。

第4節　対話による学びの効果

本節では、教育実践の中でどのように対話を取り入れるとクラス内に多文化共生が築かれるのかについて検討する。

1　交流活動とその効果

まず、人と人の交流事例について考えてみたい。岸・久保田（2012）は大阪の高等学校で青年海外協力隊員との交流学習を実施した。そこでは、机上の知識習得だけでなく、当事者との「対話」が大切であると考えて、まず生徒がグループで隊員の経験した国について予め調べ学習する時間を取り入れた。そして、調べた内容について他のグループと情報を共有しながら理解を深め、その後隊員とメール交換を行って質問し、最後に学外講師による講演を聞くという流れで進めた。高校生はこれら一連の学習活動を通して、異文化や国際理解を深めていった。その中で得られた学習効果は、図1に示すように、興味・関心の焦点化や意識・態度の変容である。具体的には、相手と直接対話することで、意識や態度に変化が見られるようになり、相手への興味・関心が高まり、相手を受け入れ、相手から学ぶという関係が築かれたことである。この実践で、隊員が高校生に伝え、高校生が隊員から学ぶという一方向の学びの関係となっており、隊員と高校生が対等な立場ではなかったことは残念である。多文化共生を構築するためには、隊員と高校生の間に双方向の学びを築く必要がある。

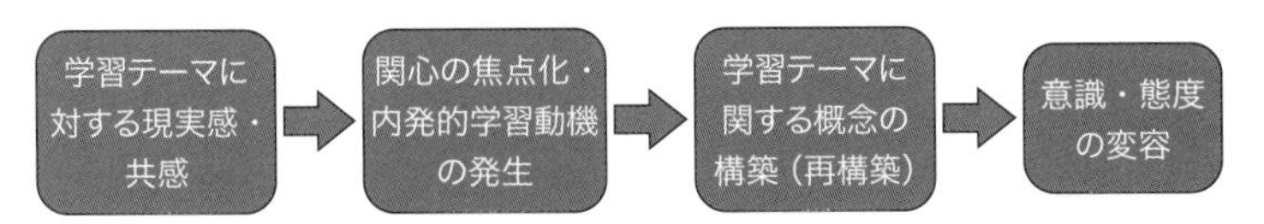

図1：学習プロセスのモデル（岸・久保田 2012、129頁）

筆者も自らが担当する多文化クラスにおいて、大学生と高校生の交流会を実施したことがある。具体的には、筆者のクラスの受講生（留学生と日本人学生）が、国際理解教育の実践校（大阪にあるユネスコ協同学校）を訪問して、文化紹介や盆踊り、ゲームといった異学年・異文化交流をするというものである。参加した高校生と大学生は共に言語や文化に対する興味・関心があり、その意味で対等な関係が築かれているように見えた。しかし、交流会後の参加者のフィードバックから、課題があることも示唆された。それは、高校生にとって大学生は刺激的な存在となったものの、留学生はお客様扱いをされたという印象を持ったことである。ここでも、双方に学びの効果が得られたとまでは言えない結果となった（宮本　2011、61-68頁）。

この他にも先行研究において、小・中・高、大学での交流会の事例は数多く紹介されているが、いずれの事例でも、いかに双方に対等な関係を築き、双方向の学びを築くのかが課題となっている。日本国際理解教育学会の先行研究では、この問いへの解決策を試みた事例が紹介されている。例えば、李（2007）は183例におよぶ留学生と生徒の国際交流を分析している。そして、双方が学びの効果を得るためには、

①双方向のキャッチボール、
②小グループでの交流、
③生徒と留学生が接する機会を増やすこと、

が大切で、これらは相互に関係していると述べている（李　2007、37頁）。ここで強調されていることは、交流会に参加する留学生が受け身ではな

く、主体的に参加できるような仕掛けを工夫することの大切さである。大島・田村（2001）も交流事例について分析しているが、双方向の学びを実現するためには、まずコミュニケーションをとること、そして生徒と留学生の間の互恵的な関係を築くことが重要であると述べている（大島・田村　2001、76-77頁）。

以上に挙げた事例から、交流学習で双方向の学びの効果を高めるためには、一人ひとりが主体的に関わる姿勢と双方向の対話を通じて互恵的な関係性を築くことが不可欠であることが示唆される。

2　ヒューマンライブラリーの取り組み

次に、ヒューマンライブラリーの取り組みを紹介したい。ヒューマンライブラリーとは、「障害のある人やホームレス、セクシャルマイノリティなど、誤解や偏見を受けやすい人々を『生きている本』として貸し出すこと」である（http://humanlibrarymeiji.web.fc2.com/humanlibrary.htm, The HUMAN Library Organisation, 2012年4月15日閲覧）。この活動の目的は、人々が普段あまり触れ合わないグループの人を「本」として借りることで、その語り部である当事者から直接話を聞き、自分の持っているステレオタイプに気づき、新たな視点を得ることにある。活動は日本全国から「生きている本」になってくれる人に協力依頼することに始まる。そして、大学や図書館などにおいて日常生活で障害やマイノリティー意識を感じている人を「生きている本」として招聘し、ライブラリーを設定して、対話するというものである（Kudo Kazuhiro, Motohashi Yuri, Enomoto Yuki, et　2011:5-6）。これは教育現場だけでなく、市役所や図書館などにおいて、一般市民を巻き込んで実践されており、対話を通じた学びという点で、先の岸・久保田（2012）と重なりがある。一方、ヒューマンライブラリーでは、ライブラリーを訪れる読者と生きている本となった当事者、さらに、主催者である司書がそれぞれ関わっており、三者での対話となっている。先の岸・久保田（2012）の交流事例にはない、主催者の存在がある。まず主催者は、イベントを企画・運営し、さらに「本」の選定を行っており、活動を通じて得られる学びも大きい。

この活動は、2000年にデンマークで始められて以来、世界60カ国以上で開催され、2008年以降、日本でも駒澤大学、獨協大学、明治大学など全国の大学や地域社会で開催され、その回数は30回を超えている。

駒澤大学の坪井ゼミでは、2010年から2012年まで毎年1回、学部3年生が主催者となって、ヒューマンライブラリーの開催準備にあたり、1年に1回の頻度で一般市民に広く声をかけて実施してきた。2013年9月には活動の総括として研修会を実施し、それ以降は「生きている図書館」のサポートチームを作り、全国に活動を広めるための支援を行っていく予定だという。坪井ゼミで開催するヒューマンライブラリーの特徴として重要な点は、活動を始める前に、「読者が生きている本と対話する際、相手の立場を理解したうえで、活動が人間を貸し出すというイベント的な催しや『生きている本』が見世物にならないように、『利用同意書』に署名をさせて、活動の目的を理解してから望むこと」（坪井　2012a、191頁）を徹底していることである。利用同意書の規約には、「①意図的に本を傷つけるような言動はしない、②主催者並びに『本』及び同席者に無断で会場内の撮影、録音、録画をしない、③ヒューマンライブラリーで読者として知った「本」の方の個人情報を許可なくブログ等、インターネット、印刷物等のメディア上に公開しない、④閲覧中に『本』の方が、身体的、精神的に苦痛を感じ、継続困難となった場合は、途中で貸出中止となる場合がある、という4つの項目が設けられている。これらに同意した利用者は、氏名、住所、電話、メールアドレスなどを明記して司書に提出することで、初めて『読者カード』が発行され、本の予約が可能となる」（坪井　2012b、66頁）。このような形で、まずは読者に他者から学ぶ、他者と共に学ぶ上で忘れてはならない重要なルールがあることを理解させている。

それでは、ヒューマンライブラリーの活動を通して得られる学びの効果とは何だろうか。図2に「生きている本」と「読者」の二者に限定して筆者なりにまとめてみたい。

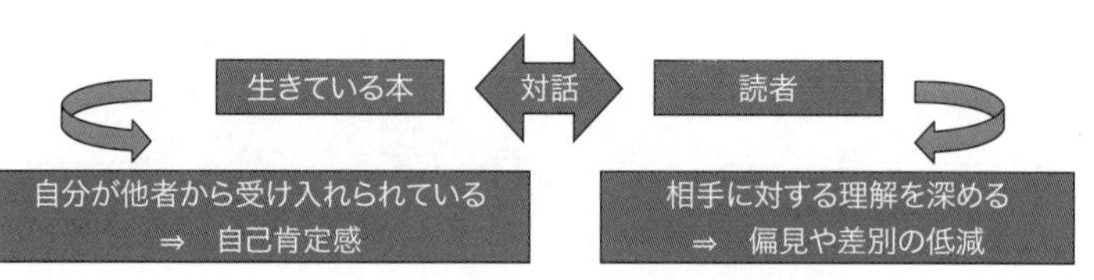

図2：ヒューマンライブラリーの学びの効果（筆者作成）

図2は、「生きている本」と読者が対話することで、読者に偏見や差別の低減が得られること、生きている本にとっても体験を通じて自分の病気や自身の抱えている問題を他者に知ってもらい、理解してもらうことで、自分自身の成長や自己肯定感が得られることを示している。その他に、図2には示されていないが主催者が得る学びもある。主催者は生きている本の編集者として、本の選定、事前の打ち合わせを通しての生きている本との間の信頼関係の構築、実施日までのプログラム編集や、当日の司会進行、生きている本へのサポートまで、さまざまな役割を担っている。この一連の活動を通じて主催者は、相手の気持ちを理解し尊重する態度や活動の計画立案、ファシリテートの技能などを身に着ける。

ヒューマンライブラリーの活動は異なる立場の人々が集まり、普段関わることの少ない人々と対話することで、他者への寛容性を高めていくことを目的としたものである。そこでは、当日集まる読者と生きている本の間に生まれる学びの効果が、読者から生きている本へ、生きている本から読者へ、という双方向のベクトルとなっているが、それらは独立したものとなる。他方、本書の多文化クラスには、バックグラウンドが多様であっても、大学生という同じ立場の学生が集まっている。ここには、ヒューマンライブラリーの取り組みにはない、学習テーマに関わる知識の習得があり、学習的な要素がある。また、他者と共に学ぶ体験を通じて、留学生と日本人学生は自己と他者の文化の摩擦を体験し、それを克服していくプロセスの中で、多文化共生を構築するための「価値/態度、技能、行動力」を身に着けることができる。このような双方向の学びを促進させるためには、教員が仕掛けを工夫すること（その1つとしての学習テーマの選定）が鍵になってくる。

最後に、多文化クラスとヒューマンライブラリーの共通点を挙げるとすれば、参加者が互いに「対話」することによって、他者の生き方や意見、経験から学ぶことができることである。そこでは、坪井（2012a）の事例で紹介したように、相手の立場を理解した言動を取ることが大切になる。坪井は『利用同意書』を用いていたが、第6章の多文化クラスの人権教育の実践では、クラスルーム・ルールという形で参加者に守るべきルールを考えさせ、相手の立場を考えながらクラスに参加することを促している。

まとめ

本章では、異文化接触を肯定的なものにするために、どのような条件が必要であるのかについて考える中で、オルポートが提唱した3条件を理論的な枠組みとして参照した。オルポートはコミュニティを対象に調査研究を行ったが、その中で明らかになった3条件は、多文化クラスにも援用できると仮定し、クラスに当てはめて検討を加えた。本章ではオルポートの3条件に加えて、教育方法という観点から、「対話」の重要性に着目し、交流事例やヒューマンライブラリーの取り組みを紹介した。次章以降は、多文化クラスにこの3条件がどこまで当てはまるのかについて、事例分析を基に考察を深めていく。

第4章　学習環境条件と教育方法の実証的分析

本章では、筆者の授業実践の省察と他の教員の授業を参与観察した際のフィールド・ノートの分析結果を基に、多文化クラス内に「多文化共生」を構築するため、前章で議論したオルポートの3条件と教育方法が有効であるのかについて検討する。このような議論は、前章までの理論的な枠組みが、教育現場にあてはまるのかを確認するうえで重要になる。それだけでなく、本章における議論は、枠組みとしてまとめられた条件には表現されていない個別の問題や課題を具体的に紹介するもので、より普遍的な枠組みを検討するうえでも有効である。

第1節　教育実践の分析

本節では、多文化クラスの学習環境条件として、オルポートの3条件が当てはまるのか、また、当てはまる場合、それらが必要十分条件であるのかについて検討する。その方法は、筆者が担当した教育実践の授業記録と最終回時のアンケートに学生が記述した内容、プレゼンテーション時の「ピア・レビューシート」の記述内容の分析とする。

1　授業概要

本節で対象とするクラスは、2010年前期（2010年4月～8月）に筆者がX大学で担当した「国際交流科目」（全15回）である（科目名は「国際理解教育の実践」）。本科目の受講条件は特に設けられていないことから、専門に拘わらず、希望する学部・大学院生が選択科目として自由に参加する。

授業登録者数は全部で45名（内、25名が交換留学生、9名が日本人学生、11名が正規留学生）であった。出席者は毎回30名前後で、10名は出席が足りず、単位を落とした。無欠席の学生は13名であった（地域別の参加者出欠状況は、参考資料3を参照)。アジアの留学生は出席率が高かった。授業登録者45名の内、35名が単位を取得し、この35名の地域別内訳は、アジア19名(内、日本人4名)、ヨーロッパ5名、北米9名、オセアニア2名であった。一度も出席しなかった国籍不明の学生もいた。後述するが、全15回の授業のうち知識習得を図る部分は、90分授業を2つに分けて行い、前半は講義やテーマに関わる議論にあて、後半はアクティビティを取り入れながら参加型で進めた。その結果、出欠の回数や授業中の参加態度から、クラスに興味・関心のある学生とそうでない学生に分かれた。参加者には教師を目指す学生も多く、自国で既に教師をしている大学院生もいた。これらの学生は積極的に授業に参加する様子が見られた。一方で、アクティビティには興味を持つが、講義や議論になると消極的になる学生や、教育というテーマに関心を持たない学生も参加していた。日本人学生は全体的に発言が少なく、小グループでの議論や、ペアワークを好んだ。ある日本人学生から、クラス全体での議論ではなかなか発言できないので、指名される方が話しやすいという声も出されていた。アジアの留学生は比較的静かであったが、回を重ねるごとに積極的に発言するようになり、日本人学生より発言回数が多かった。また、全体的に日本人を含むアジアの学生はまじめに取り組んでいる様子が確認された。

コース目標は、ユネスコの「国際理解教育」に関わる基本方針を理解すること、そして多様なバックグラウンドの学生が自国の国際理解教育の実態について互いに情報を共有し、さらに自らの教育経験を振り返って教育の問題点を他者に伝えることを通じて、世界の教育事情について理解を深めることとしていた。

授業ではユネスコの「国際理解教育」に関わる政策や、日本の「学校教育」における国際理解教育の実施状況などを説明し、具体的な実践例を紹介した。また、「国際理解教育」に関わる幅広いテーマを取り上げて、全体やグループで議論する時間を設けて、各学生が自らの学校教育を振り返りながら、意見交換を行った。全15回の授業は、①議論/アクティビティ、②グループ・プレゼンテーション、③フィールド・トリップ（ユネスコ協同学校への訪問と交流）、の3つの柱立てで構成した。①で知識習得を図り、②で学んだ知識を発展させ、準備と発表を通じて知識の深い理解を図り、最後に③でフィールド・トリップに行き、実際に国際理解教育の実践校で高校生と交流しながら、授業で学んだことを実践する機会を設けた。フィールド・トリップは前章4節1で言及したものである（宮本　2011）。

①のアクティビティは、2002年にヨーロッパ評議会が出版した「人権教育のためのコンパス『羅針盤』」を参考にして、クラスの中で議論するテーマと関連のある活動を取り入れた。毎回授業後に、筆者は自らの授業を振り返り、学生の参加態度や発言内容について記録を残した。本節は、筆者の授業記録や学生がアンケートに記述した内容を分析しながら、オルポートの3条件がクラス内に「多文化共生」を構築するため、有効であるのかについて考える。本書で学生の意見を引用することについては、授業の最終回時に書面を用いて研究目的を明示し、全員の学生から同意を得ている（同意書については、参考資料1を参照）。

2　プレゼンテーションの有効性

授業の最終回時に、学生に「一番主体的に参加できた活動」について、アンケートをとった。このアンケートには、選択式回答欄（①議論/アクティビティ、②グループ・プレゼンテーション、③フィールド・トリップ、から1つ選ぶもの）とその理由について記述する欄を設けた。選択式回答欄では、32名中23名が「プレゼンテーション」を選んだ。その理由には、以下のような意見が挙げられていた。筆者の方で英語で書かれた回答を日本語訳し、重要と思う点に下線を引いている。

「プレゼンテーションの準備を進める中で、改めて西欧の学生は積極的であるが、アジア圏の学生はシャイであることが分かった。」（モンゴルからの留学生）
「プレゼンテーションを通して、理論だけでなく実践が重要である

ことが分かった。」（中国からの留学生）

「異なるバックグラウンドを持つメンバーと1つのプレゼンテーションをすることで、色々なことを学んだ。また、先生が評価するだけではなく、学生もピア・レビューすることが重要であると学んだ。」（モンゴルからの留学生）※ピア・レビューについては後述する。

「コミュニケーションをとるためには、言語が非常に重要であることを改めて感じた。やはり言語を通して文化や他者を理解することが可能になると思う。そのためにも、国際理解教育では言語学習が重要であると思う。」（オーストラリアからの留学生）

「プレゼンテーションを準備する際、色々な意見が出された。積極的に発言する人もいればしない人もいた。そのような中で、同じ国に生まれても、それぞれ違う性格と特徴を持っていることを実感した。プレゼンテーションを通して、国の枠組みを越えて、私たちはみな異なっていることに気付いた。」（日本人学生）

記述の中には、言語や文化の違いを意識したという意見も出されていたが、「主体的に授業に参加できたことや他者との関わりの大切さに気付いた」「国という枠組みに捉われず、自己と他者の相違を発見した」などの意見も出されていた。これらの記述から、留学生と日本人学生が共に1つの発表をするという共通の目標に向かって活動する中で、さまざまな気付きがあったことが分かる。

3　プレゼンテーションの概要

プレゼンテーションは、全15回のコースの後半部分で取り入れた。まず、筆者の方から学生に「国際理解教育」と関連のあるトピックを5つ（持続可能な開発、平和教育、人権教育、環境教育、男女平等）提示し、学生に興味と関心のあるトピックを1つ選ばせた。そして、自らが選んだトピック毎にグループを作り、授業で学んだ内容を振り返りながら、小中高の生徒を対象に、国際理解教育を実践するうえでどのような活動が適しているかについて考え、15分でデモレッスンすることを課題とした。学生には、条件として、①グループのメンバー全員が参加すること、②小・中・高校生にも、分かるような表現方法に努めること、③プレゼンテーションは評価の10%とすること（この点はシラバスにも明記している）、を伝えた。そして、実際準備に入る前に、小学校の英語アドバイザーをゲストスピーカーとして招聘し、「スリランカの文化紹介」をテーマに小学生を対象としたモデルレッスンをしてもらった。その後、準備時間を2回（各30分）設けた。発表の日は自らの発表に加えて、他のグループのプレゼンテーションに生徒役として参加すること、また、発表者に対して「ピア・レビューシート」（この相互評価シートについては、参考資料2を参照）を記入することを伝えた。全グループの発表終了後、自分のグループ以外で一番印象に残ったグループを1つ選んで投票し、1番になったグループには賞状・賞品を出すこととした。このように、評価シートや投票制を取り入れたことで、自らが発表するだけでなく、他のグループの発表を聞く姿勢が喚起された。

学生はプレゼンテーションを通して、①発表すること、②他のグループを観察しながら相互評価をすること、③生徒役として参加すること、④一番良かったグループについて振り返ること、の4つを体験した。筆者が教員の立場で工夫した点は、①学生の主体性を尊重しながら必要に応じてアドバイスを行ったこと、②授業内容に合わせて5つのテーマを設定し、それまでの授業と学習内容の面で一貫性を持たせたこと、③仕掛けを準備したこと（発表条件の提示、投票制の導入、ピア・レビューシートの活用）などである。

4　プレゼンテーションを通して判明した課題

学生が主体的に参加できたと回答したプレゼンテーションにも、さまざまな課題が残された。

1つは、発表者の参加態度や積極性、発言の頻度に差があったことである。英語を母語とする学生が一人で司会進行を務め、他の学生がほとんど参加していないグループがあった。そのようなグループの発表からは、グループ内に「多文化共生」が構築されていたとは言えない様子が見られた。

もう1つは、グループの人数に差が出てしまったことである。プレゼンテーションでは、各学生に興味・関心のあるトピックを選ばせたが、トピックによって1グループの人数が5～9人と偏りが出てしまった。特に9人のグループでは、一部の学生しか発表に関与しない様子が見られた。これらの課題は、教員の関与によって回避できた可能性がある。例えば、準備段階で教員が「タスクシート」などを配布して、それを基に学生と教員が事前に発表内容を確認しておけば、問題のあるグループに教員からアドバイスすることができただろう。また、グループを作った段階で人数調整を行うことも可能であった。

もう1つの点として挙げておきたいことは、グループの発表後、全体で「振り返り」の時間を設けていたが、学生は「ピア・レビューシート」の記入に専念し、一部の学生に「感想はピア・レビューシートに記入すれば、発言する必要はない」という姿勢も見られた。その結果、振り返りの時間では、学生はシート記入に集中するあまり、筆者が一方的に全体コメントをする形となり、学生と筆者の間に十分な「対話」が実現しなかった。

以上のことから、多くの学生が主体的に活動できたと回答したプレゼンテーションにおいても、プレゼンテーションの準備中の学生間、また学生と教員の対話、そしてプレゼンテーション後の学生間、学生と教員の対話が十分ではなかったことが示唆された。

5　多文化クラスとオルポートの3条件

ここで、オルポートの3条件という観点から今回のプレゼンテーションを考察したい。まず条件1「対等な関係」については、グループによって差は見られたが、グループ内で留学生と日本人学生が話し合って役割分担を決め、メンバー全員が協力して発表に参加するなど、対等な関係にあったと考えられる。また、発表対象を「小・中・高校生」とし、分かりやすい表現を工夫するよう伝えたことで、非英語圏の学生の言語の壁を和らげることができた。条件2「共通の目的」については、全員が発表に参加することを条件としたことで、メンバー全員が少なからず発表の一部に関わっていた。そこでは、「グループのメンバーが協力して1つのプレゼンテーションをする」という目標が共有されていた。ただ、ここでは「クラス内に多文化共生を構築すること」が、クラス目標となっていたわけではなかった。そのため、自己と他者が共に1つの発表を作り上げるという姿勢は見られたが、この協働作業から、共生意識を高めていくところまでに至らず、グループによって取り組み方や関わり方に差が見られる結果となってしまった。条件3「組織的な支援」については、筆者が学生の主体性を尊重して関与しすぎないよう、アドバイスは必要に応じてすることにとどめたことから、教員が学生を教えるという一方向の指導は回避することができた。ただ、教員と学生の十分な対話がなされなかったという課題も残されていた。

その他の点として、本実践は学習テーマが「教育」であったことから、多様なバックグラウンドを持つ学生が自国で受けてきた教育を振り返って議論する機会が多く持たれた。プレゼンテーションは、いずれのグループも国の教育事情の違いを主な発表内容としていた。その結果、学生の立場でいくら働きかけても変えられない各国の複雑な教育事情が明らかとなり、学生一人ひとりが当事者となって問題を考え、他者と共に解決策を考えたとしても、個人の力では改善策を実行に移すことはできず、最終的に国に任せるしかないとの結論に至ったプレゼンテーションも見られた。ここには、学生の学習意欲を高め当事者意識を促すために、何か別の働きかけが必要であることが示唆された。この点については、学習環境条件や教育方法の問題と異なるアプローチでの検討が必要となるため本節では触れなかったが、5章で学習テーマの設定という観点から検討を加えたい。

第2節　参与観察を通じて示唆された学習環境条件と教育方法

前節で議論したように、プレゼンテーションという活動では、オルポートの3条件が基本的に満たされていたが、対話の不足が課題として残された。ただ、前節は筆者の教育実践の分析結果であり、そこでは授業担当教員としての主観が入っている。そのため本節では、筆者が他の教員の多文化クラスを参与観察して記録したフィールド・ノートに基づき、クラス内に多文化共生を構築する要件について、学生一人ひとりの個に着目して観察し、できる限り客観的に分析したい。なお、ここで紹介する参与観察（2011年度に実施）は、冒頭でも述べたが、次節からの「学習テーマ」の考察を行っている最中に、追加調査として行ったもので、第6章で紹介する教育実践（2010年に実施）と時系列的に順番が異なっている。

1　参与観察の進め方

参与観察は、調査者の知覚を主な手段として、現場に入るだけでなく、現場の人々のグループ内に一定程度参加して、調査対象を直接的に把握し、記述する方法である。佐藤（2002）は、現場に入って記述する調査者であるフィールドワーカーについて、次のように説明している。

> ①現場の当事者でなければなかなか得ることのできない知識や情報を求めて、準メンバーあるいは仲間の一人として現地の社会生活に参加する。
> ②記録・分析するという作業ゆえに現地の人々とは一歩距離をおいたスタンスをとらざるを得ない。

すなわち、「フィールドワーカーは一方で『身内』の一人になろうとしながら、他方で『よそ者』としての構えをとり続けることである」（佐藤　2002、35頁）。またフィールドワークとは、現場に入って観察する中で問題を見つける作業であり、それの目的は問題を解決することだけではない。佐藤(2002)は、これを仮説生成的な調査法と呼んでいる(佐藤　2002、86-87頁)。このような調査方法は、初めからリサーチ・クエスチョンが明確になっているわけではなく、調査中や、作業後に報告書として民族史を書いている時に明確になるものである(佐藤　2002、106頁)。そして、「フィールドワークには『理論的にも実践的にも意義のある問い(リサーチ・クエスチョン)は、何か？』という『問いそのものについての問い』に対する答えを見出す作業としての側面がある」と指摘している(佐藤　2002、126頁)。

本書では、フィールドワークの1つの手法である参与観察を行う。これは、調査者が対象者の生活する社会や集団に入り、ともに生活することによって、できる限り対象者の視点から、社会や集団の構造や対象者の解釈過程を観察するというものである。筆者は、フィールドワーク、および参与観察の方法論を参考にしながら、初回の授業で受講生に研究の目的で授業を傍聴し、メモを取ることを告げて、全員の同意を得たうえでクラスの一番後ろに座り、非干渉的な立場で全15回の授業に参加した。本調査は、前節の考察に客観的な分析を加えるという目的に加え、学生の参加意欲を高めるために、学習環境面で必要な要素の検討をリサーチ・クエスチョンとして、その答えを見出すために行ったものである。全15回の授業のうち、リサーチ・クエスチョンに対して、手がかりの得られそうな学生を見つけるため、初めの2回は全体観察を行って、クラスに参加する学生全体の特徴(目立った積極性が見られた学生、逆に欠席が目立った学生など)を把握した。そして3回目以降は、クラスへの参加態度の変化に特徴が見られた4名の学生(日本人学生A、日本人女性B、中国人留学生女性C、日本人女性D)に焦点を当てて観察した。

選定に当たっては、留学生、日本人学生の別や性別のバランスを考慮しているが、参加態度の特異性を重視したため、その割合には偏りがあった。授業を観察する際は、ありのままの状況をできる限り正確に記録した。そして、これをマクロとミクロの視点で分析した。また、全

15回のうち、3回目と15回目の授業終了後、フィールド・ノートで不明な点(焦点観察者の個別事情)については、担当教員に聞き取りを行った。

2　授業概要

観察したクラスは、X大学で2011年度前期（2011年4～8月）に日本語で実施された多文化クラス（科目名「多文化コミュニケーション」）である。クラス目標は「『異文化理解』をテーマに、留学生と日本人学生がディスカッションしながら相互理解を深めていくこと」であった。受講登録数は全部で26名であった（内、6名が交換留学生、15名が日本人学生、5名が正規留学生）。留学生は全員アジア出身（韓国、台湾、インドネシア、中国）であった（1名はアメリカの大学に所属する留学生で、国籍は台湾であった）。男性は11名、女性は16名で、全員が学部の1年生である。クラスの特徴は、①使用言語が日本語であること、②グループ活動を中心としていること、③グループ活動では、毎回異なるメンバーが司会・記録係を務め、誰もが責任ある役割を経験すること、④本クラスに参加するために高い日本語能力が必要であること、などにある。

1グループの人数は4～5名で、メンバーは教員とTAが国籍を考慮しながら決められた。グループ数とメンバーの内訳は表1と2の通りである。

表1：1～4回目の授業時のグループ内の人数の詳細

グループ番号	留学生	日本人学生	男性	女性	合計	備考
1	2	3	1	4	5	
2	2	2	1	3	4	Dが参加していたグループ
3	2	3	3	2	5	Bが参加していたグループ
4	1	3	2	2	4	Cが参加していたグループ
5	2	3	2	3	5	
6	2	2	2	2	4	Aが参加していたグループ

表2：5回目以降のグループ内の人数と発表テーマ

グループ番号	プロジェクトのテーマ	留学生	日本人学生	男性	女性	グループの特徴
1	日本の雇用形態	2	3	1	4	全体としてまとまりがあり、いずれの回も留学生男性がグループに大きく貢献している様子が見られた。
2	日本の英語教育	2	2	1	3	Dが属していた。留学生男性が中心となり、メンバー全員に配慮しながらグループ・ディスカッションとプロジェクトが進められていた。
3	日本の幸福を考える	2	3	3	2	Bが属していた。他のグループと比べて全メンバーの出席率が一番高かった。毎回活発なディスカッションが行われ、全体としてメンバーに協調性が見られた。回を重ねるごとにBがリーダー的役割を担うようになっていった。
4	日本と世界の紛争	2	3	3	2	Cが属していた。5回目までは、Cだけが留学生であったが、5回目から、Aのグループの留学生男性が加わった。メンバーの出席率はよかったが、徐々にグループのメンバーにまとまりが見られなくなっていった。
5	原子力発電	2	3	2	3	全体的に平均的な参加度が見られており、15回を通じてメンバーに大きな変化は見られなかった。留学生よりも日本人学生が中心となって意見を述べる様子が見られた。日本人学生が留学生に特別な配慮をする様子は見られなかった。

Aのグループは、Aを含む日本人学生2名が3回目以降参加を辞退したため、5回目以降はAのグループの留学生2名が別のグループに移動することになった（留学生女性は2のグループに、留学生男性は4のグループに加わったが、留学生女性は6回目以降参加を辞退した）。言語能力に関して補足すると、文系の正規留学生には日本語力の証明書の提出が求められていたが、理系の正規留学生には提出が求められていなかった。

交換留学生には、日本語レベル600[10]という日本語母語話者相当の日本語能力が求められていた。このように、留学生の日本語能力には学生の留学形態により差があった。

授業は前半と後半の2部立てで進められ、前半は身近なテーマで（文化と日常生活、音楽、スポーツ、食べ物など）、グループごとにディスカッションした後、グループの代表が話し合った内容を報告し、後半はグループ・プロジェクトの時間に充てられた。プロジェクトの課題は、「日本や世界の複数の国が抱えている問題について、歴史的な観点から調べ、グループで意見をまとめること」であり、テーマはグループのメンバー全員が話し合って決めることになっていた（各グループが選んだテーマについては、表2を参照）。10回目の授業はプロジェクトの中間発表の時間に充てられ、各グループの代表者2名がテーマと概要について報告した後、質疑応答の時間が持たれた。11回目と12回目の授業は、中間発表の中で出された質問やコメントを基に、グループごとに修正や練習の時間に充てられた。13回目～15回目の授業はプロジェクトの最終発表であった（発表時間は、各メンバーが5分程度話すことを原則として、1グループ30分程度とされていた）。13回目と14回目は2グループの発表で15回目は1グループの発表とコース全体の振り返りの時間に充てられた。

3　焦点観察者の行動変化

全15回の授業における焦点観察者4名の特徴的な行動変化を簡潔にまとめると次のようになる。

Aは理系の学生で、初回から3回目までは積極的に参加する様子が観察されており、自らの存在をグループのメンバーに一生懸命アピールする様子が見られた。初回の授業で自己紹介の時間が持たれた際には、自身が地方から来たばかりであることを恥ずかしそうに話した。グルー

10 日本語の600レベルとは、日本語能力試験N1（旧1級）相当以上の超上級レベルにあたる（大阪大学国際教育交流センター2010年度年報、37頁の説明による）

プ・ディスカッションでは、クラスの中でも目立つほど積極的に発言していたが、持ち出すテーマは時事問題が多く、他のメンバーが話題についていけない様子も観察された。4回目以降、メンバーと興味・関心の合うテーマが見つけ出せず、授業の参加を辞退した。

Bは文系の学生で、初めの頃はグループの端に座って静かに参加していたが、徐々に真ん中に座るようになり、グループのまとめ役として自分の意見を積極的に述べるようになっていった。グループ・プロジェクトに入ると、自発的にスライドを作る様子も観察された。しかし、自らのグループ発表が終わると、次の授業からは居眠りする様子が見られるなど、他のグル―プの発表を聞く姿勢は悪化していった。最終回の授業は約1時間遅刻したが、最後の振り返りの時間になると、メンバーと楽しく対話する様子が観察された。

Cは理系の正規の留学生で、初めの頃は積極的に発言していたが、回を重ねるごとに参加態度が悪化していった。徐々にメンバーとの対話が減り、自分の興味がある話題には顔を上げて話をするが、それ以外はメンバーと対話する様子が見られなくなっていった。他のグループの最終発表では1回は欠席、もう1回は消極的な態度で参加した。自らのグループ発表は、メンバーがそれぞれ担当箇所を読み上げ、まとまりに欠ける様子が見られた。

Dは文系の学生で、3回目以降欠席が目立った（全15回中5回欠席）。グループ・プロジェクトでは、自らの意見を述べる様子は観察されているが、他者と協力して取り組む姿勢は見られなかった。Dには自らが休んだ間に他のメンバーが話し合って決めた内容について、反対の意見を述べる様子も観察されていた。しかし、メンバーはDを責めることなく、グループ全体で共に取り組む姿勢が見られた。他のグループと比べて、準備が遅れているように見えたが、最終発表ではまとまりが見られた。

次に、焦点観察者の中でも対照的な参加態度の見られたBとCの全15回の行動変化を表3にまとめる（下線は筆者）。

表3：全15回における焦点観察者BとCの特徴的な行動とその変化

授業回	焦点観察者B	焦点観察者C
1 （自己紹介）	自己紹介のときは控えめな様子で、出身地や寮での生活の様子について話した。	全体で自己紹介するときは恥ずかしそうな様子であったが、グループ活動では、積極的に話す様子が確認された。
2	特に目立たなかった。	積極的に話す様子が確認された。
3	特に目立たなかった。	積極的に話す様子が確認された。
4	一番端に座り、最後に発言することが多かったが、自らの発言になると自身の体験談を楽しそうに語りながら、徐々にグループに溶け込んでいく様子が観察された。ジェスチャーはあまりなく、説明的な口調で話をしていた。	日本語の面でうまく表現することができず、困っている様子も見られたが、電子辞書を使って調べながら、積極的にメンバーとコミュニケーションを取っていた。頻繁にジェスチャーを使う様子が観察された。
5	授業前の休み時間、英語で韓国の留学生と話す様子が観察された。授業中は一番端に座り、それほど目立たなかったが、楽しそうに参加していた。	前半のグループディスカッションの時間は発言が目立った。他のグループと比べて一番にぎやかであった。後半のプロジェクトになると、新たにインドネシアの留学生が加わったことで、グループの人数が合計5名（留学生2名、日本人学生3名）になった。グループのメンバーはそれぞれインドネシアの留学生に自己紹介して、今までのグループ内での議論を丁寧に説明した。その後、日本人学生がインドネシアについて熱心に尋ねる様子が見られ、Cの発言が減っていった。最後にはグループ内でCと日本人学生1名、インドネシアの留学生と日本人学生2名という2つのグループができ、ばらばらに話す様子が観察された。
6	楽しそうにメンバーと話す様子が観察された。	メンバーの日本人学生は新たに加わったインドネシアの留学生に興味を示しており、Cの存在がそれほど目立たなくなっていたが、自らが発言する番になると、積極的に話す様子が観察された。
7	この回は記録係であったようで、真剣にメモを取る様子が観察された。自らの発言については、前半のディスカッションではジェスチャーを交えながら積極的に説明する姿が見られたが、後半のプロジェクトの話し合いでは、調べてきた内容をそのまま読み上げる様子が観察された。	Cの発言が再び目立つようになった。この日のCは、いつもになく派手な色の洋服で現れた。5回目の授業から新しく入ってきたインドネシアの留学生の存在は、それほど目立たなくなっていた。前半が終わり、後半のグループプロジェクトに入る前に、Cは突然席を立ち、「用事があるので帰ります」と言って教室を去って行った。「事前に担当教員には伝えてある」と言っていたが、Cが立ち上がるまでメンバーは知らなかったようで、驚く様子が観察された。Cの退出後、グループはいつもになく静かであったが、徐々に日本人学生が発言をする様子が見られた。メンバーがインドネシアの留学生に配慮する様子は観察されていない。

授業回	焦点観察者B	焦点観察者C
8	授業が始まってもしばらくの間、Bを含む日本人学生3名のみが出席、留学生はいなかった。その後、20分遅れて留学生女性がやってきた。1名の留学生（男性）は休みであった。日本人学生だけの間、ローカルな話題で盛り上がっていた。その後、留学生が遅れて入ってくると、話題は一気にテーマに戻り、遅れてきた留学生に発言の機会を譲った。クラス全体での報告の時間になると、他のグループに先んじて、Bが自発的に前に出て発表した。そこでは、ジェスチャーや笑顔を交えて親しみのある様子が見られた。メモした紙はほとんど見ずに、前を見て堂々と話をした。話し方は会話口調であったが、人前で話す緊張感は見られなかった。	記録係であったようで、真剣にメモを取る姿が見られた。プロジェクトの準備時間には、消極的な参加態度が観察された。インドネシアの留学生も他のメンバーと同じように参加していたが、発言はほとんどなかった。この日に、中間発表の発表者を誰にするかじゃんけんで決める様子が観察された。Cはメンバーから後出しを注意され、再度じゃんけんをすることになり、結果的にCが発表者の一人になった。
9	グループで積極的に話し合いをする様子が観察された。内容もまとまってきた様子が見られ、グループ内では協力体制が築かれ始めていた。	初めの頃に比べると静かであった。途中で約10分間トイレに立ち、その後もメンバーと会話する様子は見られなかった。
10（中間発表）	留学生男性とBが発表した。Bは発表中もジェスチャーを使いながら、正面を見て話しかけるような口調で話した。また、他のグループの発表を聞く際、グループのメンバーと話をする様子も見られたが、積極的に聞く姿勢も見られ、他のグループ発表に対して建設的な質問をした。	Cも発表者の一人であったこともあり、発表前は準備に専念しており、他のグループの発表を聞く姿勢は見られず、グループメンバーと打合せをする様子が見られた。発表では原稿を読み上げた。その間、Cが顔を挙げることはほとんどなかった。質疑応答の時、Cは他の留学生から質問を受けたが、「日本語が分からない」という理由や、「自分はテーマであった政治に興味がない」と返答した。その後の他のグループ発表を聞く姿勢も消極的であった。
11	中心的な役割を担いながら、他のメンバーと協力する様子が見られた。グループメンバー1人がパソコンを持参しており、Bを中心に発表用のスライドを作り始めていた。Bは最初から最後まで、真剣にグループ活動に参加し、担当教員の話にも耳を傾けた。	日本人学生1名が欠席であったため、留学生2名、日本人学生2名の合計4名であった。Cの参加態度は消極的で、時々、中国の話題になると顔を上げて話をする様子が観察された。
12	メンバー5名の内、4名が自分のパソコンを持参（Bも含む）しており、準備時間の前半は各自が黙々と作業をし、ほとんど対話はなかった。後半になると、メンバーがBのパソコンを共有して、スライドを見ながら各メンバーが自己の発表箇所を確認し、共に作業する様子が観察された。	日本人男性1名がパソコンを持参しており、これをメンバーと共有していた。メンバー同士の対話は活発に行われていた。しかし、Cは加わろうとせず、前半は無言で過ごした。Cがパソコンに自らのデータを取り込む番になると、他のメンバーと若干会話をしたが、その後Cは自己の方にパソコンを向け、黙々と作業を進めた。一通り作業が終了した後も、他のメンバーと対話する様子は見られず、グループとしてまとまりに欠ける様子が観察された。

授業回	焦点観察者B	焦点観察者C
13（最終発表）	2番目に発表。他のグループ発表を聞く際は、途中で少し寝る様子が見られたが、その後パソコンを立ち上げて自身のスライドのチェックなどを行う様子も観察された。発表を聞いていないようにも見えたが、質疑応答の時間になると、Bは手を挙げて質問をした。自らの発表では原稿を見ながら、抑揚やアイコンタクトなどを上手に使いこなし、話しかけるようにスピーチした。発表の最後には、今回の発表を通して学んだことについて、メンバーの一人ひとりが感想を述べるなど、Bが率先してメンバー全員が参加できるよう配慮する様子が見られた。質疑応答の時間は、留学生男性とBが中心に答えたが、その他のメンバーも補足説明をするなど、全員の協力体制が整っていた。	欠席
14（最終発表）	他のグループの発表の間、居眠りする様子が見られた。隣に座っていた留学生男性がBを起こす様子が何度も観察された。	他のグループの発表を聞く姿勢は消極的であったが、中国の例が出された時、一瞬だけ顔を上げて聞こうとする姿勢が観察された。
15（最終発表と振り返り）	55分遅刻。振り返りの時間は楽しそうにメンバーと話をする様子が観察された。また、メンバーで近々会う約束をするなど、グループ内で親密度が高まっている様子が観察された。	自らのグループ発表では、まず日本人男性が挨拶をした。その時Cの携帯のバイブが大きな音を立てて鳴った。Cは発表の途中で席に戻った。その後Cは自分の担当箇所の発表を始めた。Cの発表の間、言語の面でのハンディキャップがあり、加えてスライドの使用に戸惑う様子も見られて沈黙が続いたが、他のメンバーはみな下を向いて助ける様子は見られなかった。Cの発表が15分以上続いたため、担当教員から時間超過の注意があった。そこで、Cはいくつかスライドを飛ばして、「終わりました」と言って他のメンバーに引き継いだ。グループ発表は約1時間続き、最長であった。振り返りの時間になると、Cも対話する様子が見られたが、最初のころの積極性は見られなかった。

以上の焦点観察者4名の変化と表3に示したBとCの変化から、共通する点として、学生一人ひとりの授業への参加態度がクラス内の多文化共生構築に大きく影響することが読み取れる。具体例を挙げれば、Bは徐々にグループ活動に積極的に参加するようになり、それに呼応するように、Bのグループにはメンバー間の協力体制が築かれ、親密化が図られていった。それとは逆に、Cは参加態度の悪化とともに、メンバーとの対話が減り、グループ内で個別に行動するようになっていった。

4　観察結果の考察

本節は前節の結果を基に、多文化クラスにおいてオルポートの3条件が満たされ、十分な対話があれば、学生の積極的な参加が促され、多文化共生が築かれるのかについて考察する。

(1) 対等な関係

本クラスは日本語で実施されたことから、日本人学生には言語面でハンディキャップがない状況にあった。留学生も日常会話レベルの言語能力には問題がないように見えたが、やはりプロジェクトに入ると言語能力に差が見られた。この点について、担当教員に聞き取りしたところ、CとCのグル—プのもう一人のインドネシアからの留学生は、日本語能力の証明が不要な理系の正規生であることが分かった。他方、グループ1に属していた留学生（経済学所属）も正規生であったが、この学生には日本語能力の証明が求められていた。それ以外の学生は全員交換留学生であった。つまり、Cのグループよりも、他のグループの留学生の方が高い日本語能力を有していた可能性がある。実際にCは、表3に示している10日目の授業で「日本語が分からない」と発言している。授業中も十分に議論するだけの日本語能力がない様子も観察された。最終発表においても、Cのグループの留学生には日本語にハンディキャップが見られた。目立った例を挙げると、Cは原稿を読み上げ、もう一名のインドネシアからの留学生は、スライドと原稿を頼りに、前を向いて発表しようと努力していたが、中々言葉にならない様子が見られた。当然のことながら、Cの態度が悪化した原因として、言語の問題があったと考えられる。このことから、他者と共に議論するためには、日常会話としての言語能力では不十分で、より高い語学力が必要であると示唆される。このCの消極的な参加態度が、メンバー間の親密化を阻害する要因となり、メンバーと対等な関係を構築することができない結果となった。つまり、言語の問題が対等な関係を築くうえで障害になること、また、学生の参加態度を低下させる原因になりうることが分かる。この言語の問題に対する解決策は、第7章のところで問題解決に向けたアクション・リサーチをしながら考察する。

(2) 共通の目的

本コースでは、プロジェクトを始める前に、グループで話し合ってメンバーと共にテーマを決めることが課されていた。シラバスのコース目標には「1つの目的のために他者と協力する力を身に着ける」と記載されている。しかしCのグループは、メンバー全員が合意してテーマを決めたにも拘わらず、プロジェクトが進むにつれて、Cのテーマに対する興味・関心が低下し、議論に必要な言語能力が十分ではないことも加わって、メンバーとの対話が減り、参加態度が悪化する結果を招いた。この点について表3の10回目の授業で、Cは言語能力の不足とテーマへの興味・関心の無さを理由に挙げている。ただ、それだけが原因ではないだろう。5回目以降の授業で、Cのグループにインドネシアからの留学生が加わったことも、その一因ではないかと考える。それまで日本人学生3名の関心がCという1名に向けられていたのに対して、別の留学生が入ったことで留学生間に役割の調整が起こり、結果的にCが消極的な態度に変化していった。グループ内の役割の調整がプラスの効果をもたらすことも期待できるが、本グループではCの行動にマイナスの影響が見られる結果となった。このことは、学生に積極的な授業参加を促すために、言語能力とテーマ設定のほか、参加者同士の関わりが重要であり、それらが学生の親密化を図ることにもつながることを示唆している。

別の焦点観察者について考えてみると、Aは初回から3回目まで、積極的に発言する様子が観察されていたが、4回目以降、一度も授業に参加することはなかった。ここにはAが持ち出す話題が他のメンバーの興味・関心と一致せず、Aとメンバー間に対等な関係が築かれず、目的の共有にも問題が残されたことが示唆されている。Bのグループでは、目標に向かってメンバー間で互いに助け合う様子が観察されている。その中で観察された具体例を挙げれば、留学生から質問のあった言葉について、Bを含むグループ内の日本人学生が、共に協力し合って丁寧に日本語で説明する様子が見られていた。Dはメンバーに対して反対意見を述べる様子が観察されており、メンバーと共に学び合う姿勢が見られなかった。他のメンバーは目標に向かってDの意見を聞こうとする姿勢が見られ、このDの存在が結果的に他のメンバーの団結力を強めることにつながった様子が観察されている。

以上のことから、グループのメンバー間で目的と目標が共有され、共に取り組むグループ活動であっても、その態勢を維持するには、参加者同士の積極的な関わりと協力体制・相互支援が必要であり、それらの要素は相互関連していることが分かる。また、これらが満たされれば、学生の積極的な参加が促され、学生間に親密な関係性が構築されるばかりか、言語の壁を乗り越える力にもなりうることが示唆された。

(3) 組織的な支援

本クラスは学生主体のプロジェクト学習ではあったが、教員は様々な働きかけを行っていた。例えば、プロジェクトを行う際、必要な説明を行って(パワーポイント作成にあたって注意すべきポイントや、プロジェクトの趣旨や準備の仕方など)、活動中も教室を回りながらアドバイスやサポートをしていた。また、言語にハンディキャップのある留学生に配慮する様子も観察されていた(日本語で作成する個人の最終レポートについて、グループ内の日本人学生が手助けするよう具体的な指示を出すなど)。さらに、授業の流れや注意すべき点を説明したり、無理のない学習計画を立てたり(最終発表まで十分な準備時間を取るなど)、公平な進め方に努めたり(教員の方で学生のバックグラウンドを考慮したグループ分け、最終発表の順番をくじで行う)等の工夫が見られた。

ただ、グループ活動の様子を振り返ると、課題も残されていることが分かる。Aのグループには、メンバー間に興味・関心の不一致が見られるようになり、Aや他の学生が参加を辞退したため、グループが再編されることになった。Bのグループは、選んだテーマとメンバーの興味・関心が一致し、仲間意識が高められていく様子が観察されていたが、一旦グループ発表が終わると、Bの他の発表を聞く態度は悪化していった。Cのグループは初めの頃、一番賑やかであったが、徐々にメンバーが個々に活動するようになり、全体としてまとまりがなくなっていった。Dのグループでは、Dが最初の頃から休みがちで、他のメンバーの意見を聞こうとする姿勢は見られなかった。

以上のことから、A, C, Dには、他者と共にプロジェクトに取り組むという姿勢が欠けており、Bには他者の発表を聞き、他者から学ぼうとの意欲が欠けていた。これらの課題を解決するために、次のような教員からのサポートが有効ではないかと考える。まず、教員から学生に、授業に参加するにあたっての心構えを伝えること、特にプロジェクトを遂行するうえで一人ひとりが重要な役割を担っていること、授業にコミットしなければ、プロジェクトが完成できないことを理解させることである。一言で言えば、参加者に「当事者意識」を持たせることである。この当事者意識を促すために、まずは教員が初回の授業で授業の趣旨・目的を説明し、学生自身にクラス内で守るべきルールを考えさせることが有効となる。このルールは、まず学生に考えさせることが大切であるが、それに加えて、教員から他者と共にプロジェクトに取り組む姿勢、具体的には、

①自己の意見を述べるだけでなく、他者の意見に傾聴する、
②他のメンバーに迷惑にならないよう、授業は休まない、
③プロジェクトにはメンバーと共に取り組む、
④他者の意見に対して、反対の意見を述べるときは、建設的な意見をするよう配慮するなど、

をきちんと伝えることも大切である。

その他、プロジェクトの課題の部分で、当事者意識を持たせるテーマを設定することも有効であると考える。例えば、自らを振り返って他者と共有できるテーマを取り上げることができれば、一人ひとりの存在価

値が高まり、自らがプロジェクトに関わる意味を理解するであろう。前節の最後にも言及したが、オルポートの3条件や対話といった学習環境や教育方法に加えて、学習テーマについても検討が必要である。この点については第5章で議論する。

ここで強調しておきたいのは、このような教員からの介入は、教育現場であるからこそ可能になるという点である。言い換えると、教員の働きかけ次第で、クラス内の留学生と日本人学生の友好な関係性構築を促進させることができる。それゆえ、このような機会を有効に活用する方策を検討することが重要であろう。

(4) 事前、遂行、事後段階での対話

ここで教育方法として本書で検討している対話の重要性について、学習プロセスを次の3つの段階に分けて考察する。初回から3回目までのプロジェクトが始まる前を「事前段階」、4回目からプロジェクトの発表までを「遂行段階」、それ以降を「事後段階」と考えて、グループ内の対話状況を振り返ってみたい。

Aのグループは、事前段階では活発な議論や対話が観察されているが、徐々にメンバー間の興味・関心の不一致が見られるようになり、遂行段階の前でAが参加を辞退し、グループが再編となった。このことは、事前段階の対話が不足していたことを示唆している。

Bのグループは、事前段階ではそれほど目立たなかったが、遂行段階に入ると、選んだテーマにメンバーの興味・関心が一致し、強固な信頼関係が構築されていった。事後段階になると、Bをはじめメンバーの発表を聞く姿勢は悪化したが、グループ内では継続的な対話が行われていた。

Cのグループは、事前段階では活発に対話する様子が見られたが、徐々にCがグループに関わらなくなり、全体としてまとまりに欠けていった。遂行段階、事後段階ではほとんど対話が見られていない。

Dのグループでは、D以外のメンバーは、事前、遂行、事後段階で継続的に対話する様子が観察された。ただ、Dは欠席が多く、他のメンバーと異なる意見を述べる様子も観察されていたが、グループ全体としてはまとまりがあった。

以上の焦点観察者の行動変化から、メンバーと共にプロジェクトを遂行するうえで、事前、遂行、事後の全ての段階において対話が必要であり、いずれかの段階で対話が不足すれば、メンバーと親密な関係を築くことが難しくなることが示唆された。ただ、メンバー間の対話は継続的に行われていても、Bのように発表後、参加態度が悪化した例もあり、(1)～(3)の条件と継続的な対話は、相互に関連しており、そのいずれかが欠けると、クラス内の多文化共生構築を妨げる要因になりうることも明らかになった。

5　クラス内の多文化共生を促進する方策

前項では、学生一人ひとりが授業に積極的に参加し、他者と共に学び、自己と他者の関係性を構築するために、オルポートの3条件のいずれも欠かせないこと、また、課題の事前、遂行、事後段階において、学生同士の対話や学生と教員の対話が必要であることが確認された。また、A, C, Dには、授業に参加する意識や意欲に課題があり、プロジェクトを遂行するうえで必要となる言語能力やテーマへの興味・関心の不足も重なり、結果的にメンバー同士が親密な関係性を構築できない様子が見られた。このことから、教育現場でオルポートの3条件を具現化するためには、各自の参加意欲・積極的な態度や学生同士の関わり、学生間の協力体制と相互支援が大切であり、これらが歯車のように連鎖する時、学生の授業への積極的な参加が促され、親密化を高める効果につながることが示唆された。また、これらがうまく機能すれば、学生間の言語のハンディキャップを乗り越える力にもなりうることが示唆された。その例として、Bのグループでは、メンバー間で互いに教え合う様子が観察されていた。ただ、Bは自身の発表が終わると、他のグループの発表を聞く姿勢が悪化するなど、他者から学ぶ姿勢が欠如していることが示唆された。この点については、前節で紹介したように、他のグループの発表を聞く時に相互評価シートなどを取り入れ、聞いている学生も主体的に関わることができるような仕掛けを用意することが有効と考えられる。

その他の点として、学習テーマの重要性も示唆された。「多文化コミュニケーション」という科目における本実践では、グループ内で学生同士が身近なテーマについて、それぞれの立場で意見を述べ合うことで、互いに信頼関係を構築しながら興味のあるテーマを絞り、プレゼンテーションの準備に入っていった。グループの中には、テーマへの興味・関心が一致し、メンバー間の信頼関係が深まっていくところもあれば、メンバーを取り乱す存在がグループの関係性にマイナスに働く、または結束を高める、などの結果につながったグループもあった。例を挙げると、Bのグループでは、「日本の幸福」をテーマに取り上げて、まずは「幸福」という抽象的な概念について、メンバーがそれぞれ調べてきた情報を持ちより、幸福のとらえ方を議論した。そして、グループ内である程度意見がまとまったところで、各自の幸福度について意見を出し合い、議論を深めていく様子が観察された。ここでは、「幸福」という抽象的な概念が議論を始める切り口となり、メンバー一人ひとりが当事者となって考えることができた。一方で、Dのグループでは、「英語教育」をテーマに取り上げて議論した結果、国によって異なる教育事情があり、国という枠組みにとらわれすぎて、結果的にメンバーの各自の出身国の教育制度の違いを議論することに終始し、当事者の立場から考え、発言することが十分にできなかった。ここでは、学生間の議論を活発化させるには、学生が当事者となって議論できるテーマ設定の大切さが示唆された。また、グループ活動では成功したように見えたBが、自身の発表後、参加態度を悪化させたように、当事者となって考えることのできるテーマであるかどうかが、発表者だけでなく、他のグループの発表を聞く学生にとっても、重要であるといえる。

まとめ

本章では、前章までの議論を踏まえて、オルポートの3条件と対話を多文化クラスに当てはめて考察した。その結果、いずれの要件もクラス内に「多文化共生」を構築するために必要であるが、それらが満たされれば十分であるとは断言できないことが示唆された。

第1節で挙げた筆者の教育実践では、多くの学生が主体的に参加できたと述べた「プレゼンテーション」において、オルポートの3条件は、基本的に満たされていたが、対話の不足が課題として残された。

第2節では、筆者が多文化クラスを参与観察して記録を残したフィールド・ノートを基に、オルポートの3条件と対話について分析を行った。観察したクラスは、「多文化コミュニケーション」というタイトルで、日本語で行われたものであった。授業の前半は、グループで身近な話題（文化など）について議論し、後半はグループによるプロジェクト学習であった。プロジェクトは現在の社会問題について、歴史的観点から考察し発表することが課題であり、話し合いながらグループのメンバーが共にテーマを絞り、調べ学習をしたうえで発表するというものであった。いずれのグループ発表も、テーマや内容に工夫は見られたが、「多文化共生」が築かれたグループとそうでないグループに分かれた。特に、多文化共生構築に課題の残されたグループでは、事前、遂行、事後段階での継続した学生同士の対話や、学生と教員の対話が欠如していた。この問題を解決するためには、メンバー全員がプロジェクトにコミットするという意識をしっかり持って、授業に参加することの大切さが示唆された。

第1節、2節の議論から、学習環境を整えて教員と学生、また、学生同士の「対話」が十分になされていても、学生の積極的な授業参加を促し、授業への興味・関心を維持するためには、学習に関わる内的な要素の検討が必要であることが示唆された。それは、参加する学生一人ひとりが、まずは自分のことと捉えられる学習テーマを提示することであり、学生が「当事者意識」を持って参加することであると考えられる。次章からは、「多文化共生」の構築に必要な学習者の当事者性を高める方法について検討を加える。

Ⅲ部

多文化クラスにおける学習テーマ

第5章　多文化共生を構築するための効果的な学習テーマ

前章まで、多文化クラスの運営に必要な学習環境条件と教育方法について考察してきた。その中で、クラス内に多文化共生を構築するため、オルポートの3条件や対話が有効であることは確認された。しかし、クラスに参加する学生が共に学び合い、「多文化共生」を深めるためには、一人ひとりが当事者となって自らを振り返って語ることのできる学習テーマの設定が必要であることも示唆された。

本章と次章ではそのような学習テーマとして「人権」を取り上げる。人権を取り上げる理由は、人権は誰もが生まれながらに持っている権利であり、言語や文化が異なっても、保障される権利は等しく同じであるという普遍性にある。本書ではこの普遍性が、多様なバックグラウンドを持つ学生にとって議論を始める切り口となると想定して考察を進める。ただ、人権といっても、人間であれば平等に享有されているということのみでは説明しきれない個別具体的な側面があり、そこでは地域性も関わってくる。人権の解釈は人によって異なるものであり、人権の中にはさまざまな権利があることから、人権の何をトピックに取り上げるとよいのかについても検討が必要である。また、多文化クラスで人権を取り上げれば、議論する中で人権と現実にはギャップがあることを知り、矛盾や葛藤を覚えることもあるだろう。ここでのギャップとは、例えば、教育を受ける権利と識字率の実態や、男女平等と女性差別などの問題を指している。このような矛盾や葛藤を克服していこうとするとき、学生間の関係性が深められるのではないだろうか。言い換えると、人権を知識として理解し、その知識に基づいて価値/態度、技能、行動力を育成していくプロセスの中で、学生間の関係性が構築されていくと考えられるのである。本章では、このような学びを実現するために、どのような人権教育プログラムが適しているのかについて検討する。

また、多文化クラスにおける「人権」というテーマの有効性を議論するだけでなく、「人権」の持つポテンシャルが、多様なバックグラウンドを持つ学生間で、どのように生かされるのかについても議論していく。

第1節　人権の歴史

人権は、私たち一人ひとりの生活や文化、言語に深く関わりのある概念である。例えば、「衣服を着ること、食べること、住むこと」といった私たちの生活に必要不可欠のものは、すべて人権によって保障されているのである。しかし、本来普遍的であるはずの人権の解釈は、社会状況の変化に伴い、大きく変化してきた。人権は「人であれば誰もが享受しうる」とうたわれてはいるものの、歴史的には、この「人」という言葉に一定の制限があり、万人の平等と自由を実質的に保障するものではなかった。

人権の起源をたどれば、1215年のイギリスのマグナ・カルタまで遡ることになる。当時の人権は、国王権力の制限により承認された具体的な権利や自由を確認することが中心となっていた。その後、18世紀のヴァージニア権利章典やアメリカの独立宣言、フランスの人権宣言では、自然法の思想や社会契約説を実体化する形で文書にまとめられた。20世紀に入ると、ロシアで西洋近代的な人権宣言の理念を否定し、社会主義的な「ロシア社会主義連邦ソビエト共和国憲法」（レーニン憲法）が出されるが、のちに社会主義国家が解体されたことを契機として、自然法思想が復活する。

このような経緯がありながらも、第二次世界大戦まで「人権」の意味と解釈は国によってばらばらであった。そもそも「人権」という言葉は、「男の権利」と捉えられており、女性は男性と同一の権利主体と考えられていなかった時代もあった。また、女性のほかに、無産階級に属する者(納税要件を満たさぬ者)、米国では奴隷として使用された黒人は、人権の主体と考えられていなかったという事実もある。先に挙げた欧米における人権の二大宣言といわれるアメリカの独立宣言とフランスの人権宣言の後、約一世紀半の間に人権の実定法化が進み、同時に欧米列強が最も活発に植民地を獲得し、保護国、保護領、不平等条約の強制、租借地、軍事干渉といった形で植民地体制が全世界に広がっていった。この間、植民地支配下の人々を人権の享有主体として「人」に含めることは、この時代の植民地支配国である欧米諸国の思想家、政治家、学者、官僚、ジャーナリスト、その他圧倒的多数の人々にとって、およそその発想を超えるものであった。また、経済発展という観点から考えれば、近代市民革命以降の「人権」は、「公民の権利から区別された人間の権利」であるはずだが、実際は「市民社会の成員の権利つまり利己的人間の権利、人間および共同体から切り離された人間の権利にほかならない」との批判も出されていた（黒沢他　1995、176頁）。つまり、人権は「人であれば誰もが享有している権利」であるが、ここでいう「人」という言葉には一定の制限があり、必ずしも万人の平等と自由を実質的に保証するものではなかったことになる。そして先にも述べた通り、「人」が性、富の所有、人種、皮膚の色、宗教、文化などの差異を乗り越えて「人間一般」に普遍化されたのは、第二次世界大戦以降であると言われている。

第二次世界大戦までは、国ごとに人権文書が制定されていた。それが、戦後になってようやく世界に共通する人権文書を作る必要があると考えられるようになり、国際連合憲章（1945年）や世界人権宣言（1948年）などが出されるに至った。

この世界人権宣言は、国際連合が自由と平等の原則の下に、全30条に渡って万国の人々が等しく享受されるべき権利を文書化したものである。しかし、ここには法的拘束力がないことから、人権の保障をより実行可能なものとするために、「経済的、社会的及び文化的権利に関する国際規約（社会権規約）」（1966年）や「市民的及び政治的権利に関する国際規約（自由権規約）」（1966年）などの条約が採択された。その間には、人々の権利が真に保障される社会を築くため、さまざまな獲得運動（50年代以降の米国の公民権運動、60年代を中心とする脱植民地化、70年代以降の女性解放運動）が起こっていた。ここには、人権を文書化するだけでは十分な保障につながらない現実があることを人々が体験し、自らの権利を獲得するために、闘ってきた事実があると考えられる。私たちは、これらの歴史と自らの権利を知ることによって、人権の保障された社会を築くため、常に人権とその現実を表裏一体のものと捉え、主体的に人権の保障に向けて行動に移していく責任がある。このような経緯を踏まえて、人権の特徴をまとめると以下の5つになる。

1．本来は人であれば誰もが持っている諸権利（人間として生きるために欠かせない権利）である。
2．本人が任意に放棄したり、他人に譲渡したり、あるいは他者が譲ったり侵害したりすることができないかけがえのない権利である。
3．人種、民族、国籍、言語、宗教、思想、社会的身分、性別などの区分に関係なく、全ての人に平等に保障される権利である。
4．国境、文化、宗教の壁を越えて世界のどこの国や地域にも妥当する権利である。
5．人権には普遍性と個別具体性（地域性）がある。また、具体的人権規定に可変性（新たな人権の追加）がある。

また、「人権」という思想自体が欧米の発想であり、西洋以外にもこのような思想はあったのかという議論もある。大沼（1998）は「欧米以外の文明圏にあっては、各文明にそれぞれ人間の物質的・精神的福利ないし厚生の実現を目指す思想やメカニズムが存在したことは言うまでもない。しかし、そうした物質的・精神的福利実現のメカニズムは、『人権』として観念され、性格づけられていたわけではない。人間の物質的・精神的福利の実現を目指す思想やメカニズムは、それぞれの地域や時代の特質に応じて、あるいは治者の教育として、あるいは共同体の賢者の意見として、あるいは宗教的規範とそれを支える機構として、その他さまざまな形で存在していた。そうした思想やメカニズムは、今日の人権がはたしているのと同じような、あるいは類似の機能を、各々の自然・政治・経済・文化・社会的諸条件の下で、あるいはかなり実効的に、あるいはほとんど名目だけのものとして、営んでいたのである。それは、人権の思想的・機能的等価物であっても、人権そのものではない」（大沼　1998、150頁）と説明している。大沼は欧米以外の文化圏にも物質的・精神的な福利実現のためのメカニズムがあったことを認めながら、それは人権そのものではないと述べており、ここに人権の普遍性に対する批判的な見解を読み取ることができる。見方を変えれば、大沼の言う「人権の思想的・機能的等価物」を人権と類似する、または関係のある概念と捉えて、これを人間に共通する超域的なものと考えることもできる。また、私たちはこのような国という枠組みを越えた人間に共通する規範を必要としている/目指すべき、と読み取ることができる。

以上のように、「人権」という概念には、一言で「誰もが平等に享有している権利」と表現できない歴史や解釈があったことが分かる。現在も、国や人によって人権の解釈は多様であり、人権の保障と実態に差があることも否めない。

第2節　人権教育の発展過程

次に世界および日本で、人権教育がどのように発展してきたのかについてみておきたい。

1　世界の人権教育の展開

1993年に開催された世界人権会議において、170か国を越える国々の代表が集まる中で、世界のさまざまな人権問題を解決する目的で、ウィーン宣言がまとめられた。その中に、「人権及び基本的自由の尊重を強化するための教育を行うことは各国の義務である。」ことが明記されている。このウィーン宣言が1つの契機となって、教育の中で人権を取り上げることが意識されるようになったと言っても過言ではない。ウィーン宣言の行動計画では、世界の人々が普遍的な人権を十分に理解したうえで、人権意識を高めていくことができるように、「人権教育のための国連10年」を設けることが提起された。そして1994年の国際連合総会で正式に「人権教育のための国連10年」（以降、「国連10年」とする）（総会決議49/184）が採択され、その後、各国において人権教育の普及発展に向けた具体的な取り組みが行われてきた。

友永（2010）は、この「国連10年」の成果として、

①人権教育への関心が高まり、
②各方面でバラバラに取り組まれてきた人権教育の連携が図られ、
③人権と関わりの深い公務員や教員、警察官や刑務官、検察官や裁判官、福祉関係職員、メディア関係者への人権研修の重要性が認識されるようになり、
④被差別者への人権に対する理解が深まり、
⑤国や自治体等における人権教育の体制が構築され、行動計画が策定される、などを挙げている（友永　2010、11頁）。

一方で、

①国連加盟国の中で実際に取り組みを行った国が半数程度であったこと、
②包括的な行動計画の策定を求めたために、取り組むことができる国が限定されてしまったこと、などの課題があることを指摘する（友永　2010、11頁）。

この国連10年の後、各国では国内行動計画を作成し、中間期と最終年次に、取り組み状況を報告書にまとめている。日本では、各都道府県で人権教育に携わる機関が設けられ、その機関を中心に各種取り組みが

進められた。2004年4月には、フォローアップ決議が出され、2004年12月に「人権教育のための世界計画」決議（以降、「世界プログラム」とする）（A/RES/59/113A）が採択された。この場に日本は共同提案国として参加している。世界プログラムは、2000年の国連ミレニアム宣言の8つの目標の1つ、2015年までにすべての者の基礎教育への普遍的なアクセスを達成することに対して、「教育権」が基本的人権の1つであり、国際レベルで継続的に行動を起こしていく必要があると強調している。「すべての者」とは、人種、皮膚の色、姓、言語、宗教、政治的、その他の意見、国民的若しくは社会的出身、財産、出生または他の地位によるいかなる差別、または区別がないことである。そして、すべての者が評価され、尊重される社会を目指すことが目標に掲げられている。また、人権教育がすべての者にとって他者への尊厳に対する寛容及び尊重並びにすべての社会においてかかる尊重を確保する手段及び方法を学ぶための長期かつ生涯的プロセスであると説明する。この世界プログラムは、第59回国連人権教育委員会において提案されたもので、経済社会理事会の決定後、国連人権高等弁務官事務所およびユネスコが行動計画を起草して、2005年から第1フェーズという形で開始された。ここでは終了時限を設けないこととなり、3年ごとのフェーズ及び行動計画として策定された。第1フェーズでは初等中等教育に焦点を当てることが決定された。第1フェーズ終了時の2007年9月には、2年（2008年〜2009年）延長を定めた「人権教育のための世界計画決議」（A/HRC/RES/6/24）が第6回人権理事会において無投票で採択された。その終了時の2009年10月、「人権教育のための世界計画」決議（A/HRC/RES/12/4）が、第12回人権理事会において無投票で採択された。ここでも日本は共同提案国として参加している。第2フェーズ行動計画（2010年〜2014年）では、「高等教育のための人権教育」及び「教育者、公務員、法執行者や軍隊への人権教育プログラム」に焦点をあてることが決まった。そして2010年10月には、日本の共同提案国として参加する中、第2フェーズ行動計画である「人権教育のための世界計画：第2フェーズ行動計画採択決議」（A/HRC/

RES/15/11）が第15回人権理事会において無投票で採択された。

国連10年の後、世界プログラムが制定されるに至った理由とは何なのか。中道（2006）によれば、国連10年が「人権教育のための適切な方法論の開発、人権教育を促進するための協力体制やネットワーク、人的、財政的援助の拡大が不十分であった」（39頁）ことにあるという。また、中道は世界プログラムの第一フェーズが単に初等・中等教育だけを対象としたものではなく、それらの学校のための教員を育成する機関としての大学の人権教育の質と内容が大きな影響を持って関わっていると述べている。そのためにも、まずは大学において「教育における人権」が尊重されているかどうかを吟味しなければならないという。また中道は、人権教育の内容だけにとどまらず、人権教育を実践する学習環境も重要で、その2つが一体になって初めて人権教育が成り立つと述べている（43頁）。

世界の人権教育の実践という点で例を挙げると、2002年にイギリスの中等教育に導入された「シチズンシップ教育」がある。もともと若者の選挙や政治への関心を高めることを目的としたものではあったが、導入から今日までの間、どのような内容を何で教育するのかについて活発な議論が続けられ、今では国や市民という枠を超えて、グローバル市民の育成を視野に入れて議論が発展してきている。また、大学ではシチズンシップ教育や人権を専門とする学位プログラムも用意されている。しかし、シチズンシップ教育も人権教育も何をどのように教えるとよいのかについては継続的な議論が続いたままだ。オスラーとスターキーは、「政府は人権と人権教育について、積極的に実施していく必要性を強調しているが、市民や研究者レベルでは未開発の部分が多い」（Osler and Starkey 2010、15頁）と述べている。

2　日本の人権教育の歴史

日本国内では、1946年に「日本国憲法」が公布されて以降、「基本的人権」の在り方について議論がなされた。特に1965年の「同和対策審議会答申」において「同和問題」の解決の必要性が注視され、1969年には「特別措置法」が制定されて具体的な取り組みが行われた。同時に、国際連合を中心とする世界の人権意識の高まりを受けて、人権を教育現場で取り入れることの重要性も認識されるようになり、1995年には閣議決定によって国内推進本部が設置され、1997年に国内行動計画が策定されている。ここでは、人権問題が同和問題だけを意味するのではなく、女性や子供、高齢者や障害のある人などの人権も同様に守られるべきであるとの議論に発展した。そしてより広い層を対象に人権のあり方を考え、これを教育の中に取り入れるため、2000年12月には「人権教育及び人権啓発の推進に関する法律」が制定され、2002年3月には「人権教育・啓発基本計画」が策定されている。なお同年には、1969年に施行された「特別措置法」の期限が切れている。また、2003年に文部科学省は人権教育の指導方法等に関する調査研究会議を設置し、同和問題に特化しないより広い意味での人権教育の促進を目指して、2004年から2008年の間、3回に渡ってとりまとめの報告書を出している。まず、第一次とりまとめでは人権教育とは何かについてまとめられ、続く第二次とりまとめでは指導方法の工夫・改善のための理論的指針が出された。最後の第三次とりまとめでは、具体的な実践事例などが紹介されている。これらの政策を受けて、教育現場における人権教育について一定の前進が見られたが、一方でその実践は初等・中等教育を中心とした学校教育にとどまっているという批判もあった。また、その内容も学校内の問題にとどまっていると指摘されていた。平沢（2010）は、人権教育の国内の実施状況に対して、「人権教育といっても学級や学校における人間関係のありかたにかなり焦点が置かれ、地球規模の平和、多文化共生と人権といった問題意識も学校外の様々な人権運動や市民組織の取り組みと連動させる視点も弱い」（平沢　2010、68頁）と述べている。ここでは、日本国内の人権教育が、人権問題と社会のつながりに欠け、グローバルな視点で社会との関係を捉える見方も欠如していると指摘されている。世界プログラムの第2フェーズでは、幅広い人たちへの人権教育の促進が目標に掲げられているが、日本では学校教育における人権教育が中心となっており、大学教育等では未だ十分に実践されているとは言えない状況にあるといえる。

以上のように、世界の人権教育に関する取り組みの影響を受けて、日本でも国内行動計画や「とりまとめ」といった具体的な方針が立てられ、各学校での実践例が、学校全体、クラス単位、または学校や地域が連携する形で報告されている。例えば和歌山県教育委員会では2004年に、人権教育の考え方と学習活動例を紹介する『人権教育指導者用手引き「気づく・学ぶ・広げる人権学習」』を発刊した。教員養成を行う東京学芸大学では、カリキュラムの中で『人権教育』を必修科目に位置づけ、人権教育を1つの教員養成の柱に据えている。西日本の大学では、教職課程の中で『人権教育』を必修化しているところもある。また、ハンセン病資料館等の訪問を通じた人権教育の実践や、判例書教材を活用しての人権教育の実践など、大学の科目としての実践例も見られる。しかし、国全体で取り組むべき高等教育における人権教育の指針は示されていない。それは、人権について学術的に研究する大学院がないことや、高等教育において人権の何をどのように取り上げるのかについて、具体的な理論や枠組みが定められてはいないことからもわかる。

2008年のとりまとめを受けて、2009年10月に初めて「人権教育推進に関する取り組み状況調査」が全国1959校を対象に実施された。その中で、人権教育の実践が初等・中等教育を中心とした学校教育にとどまっており、人権教育の捉え方が多様で、全体像が共有されていないことが指摘されている。生田（2005）は、「日本の人権教育は、同和教育や道徳教育との関連性が強いから、平等志向で、人格のありようや心構えを説く傾向が強く、法的視点が弱い」と批判している（112-113頁）。林（2007）は、人権教育において、まず人間関係能力の育成において重要であるとし、人権教育は小学校から高等学校までの教科やその他の領域に共通して、国語、理科、特別活動などを通じて教える必要があるという。また、このような学びは段階的に、継続的に行う必要があると説明する。具体例として、特別活動では人間関係能力について、幼稚園段階で他者を自覚し、小学校段階で集団を自覚し、中学校段階で社会の一員であることを自覚し、高等学校段階で人間としての在り方を自覚して人間関係を構築できるように指導する必要があるという（林　2007、117頁）。

以上を踏まえて、本書では多文化共生を構築するために、人権をどのように取り上げると効果が高まるかを検討し、プログラムを考案して、大学の多文化クラスで人権教育を実践する。

第3節　本書における人権教育の捉え方

前節で明らかとなった日本の人権教育が抱える課題に対して、具体的な検討に入る前に、本書における人権教育の定義をまとめておきたい。本書では人権教育について、文部科学省が設置した「人権教育の指導方法等に関する調査研究会議」の第三次とりまとめ（以降、「とりまとめ」とする）の定義を参考にする。その中では、人権について「人間の尊厳に基づいて各人が持っている固有の権利であり、社会を構成する全ての人々が個人としての生存と自由を確保し社会において幸福な生活を営むために欠かすことのできない権利」（第1章1（1））であると説明している。

そして、人権教育については「人権や人権擁護に関する基本的な知識を確実に学び、その内容と意義についての知的理解を徹底し、深化することが必要であることや、人権が持つ価値や重要性を直感的に感受し、それを共感的に受けとめるような感性や感覚、すなわち人権感覚を育成することが併せて必要となること、さらに、こうした知的理解と人権感覚を基盤として、自分と他者との人権擁護を実践しようとする意識、意欲や態度を向上させること、そしてその意欲や態度を実際の行為に結びつける実践力や行動力を育成することである」（第1章1（2））と説明されている。

ただ、これらは日本の学校教育の文脈で検討されて明文化されたものである。本書で対象とする大学教育の多文化クラスには、世界各国から学生が集まることから、日本国内で議論された内容だけでなく、国際連合が全世界を対象に明文化された「世界人権宣言」（1948年、国連総会で採択）も参照し、世界の人権規範を視野に入れながら検討する必要がある。世界人権宣言の第7条には、「すべての人は、法の下において平等であり、また、いかなる差別もなしに法の平等な保護を受ける権利を有する。すべての人は、この宣言に違反するいかなる差別に対しても、また、そのような差別をそそのかすいかなる行為に対しても、平等な保護を受ける権利を有する。」とある。

曽和（2008）は人権教育について、「一般には人権についての思想、知識、技能及び態度などを主体的に形成すること」（33頁）であると説明する。さらに、「政治的抑圧、経済的搾取及び社会的差別といった問題状況を解決するとともに、人間としての尊厳が大切にされ、人間と人間が共により豊かな生き方を創りだしていく方向へとつくり変えていくことです。そして、個々人が社会生活を営んでいくうえで、人間思想や態度などを身につけていくことであり、それによって『反差別の文化』を構築するとともに、『国連人権教育の十年行動計画』及び『人権教育のための世界計画』でいうところの『人権文化を世界中に築く取組み』を行っていき、『人権文化』で世界中を満たしていこうとするものです」（33頁）と説明している（「人権文化」については、第6節で説明する）。

本書では、この「人権文化」の構築がクラス内の「多文化共生」につながると考えて、人間であれば誰もが生まれながらに享有している人権が差別されることなく、平等に保障されるために、他者と共に身近な人権問題について掘り下げて議論し、人権の保障された社会を目指して互いに行動に移していく力を育成することを人権教育と捉えることにする。そして、人権教育の目的は、世界人権宣言をはじめとする人権文書に明記された人権規定と現実・実態の乖離について知識として学び、人権問題に対する解決策を考え、行動を起こすことができる人材を育成することである。そのために、人権の知的理解だけでなく、「人権感覚」を身に着けることを目標に学習計画を立てる。このような人権教育の学習効果は人権の「知識、価値/態度、技能、行動力」の育成につながるものであり、これは身近な社会や国、世界にも影響をもたらすものである。

以上を踏まえて、次章で紹介する実践では、人権が人間に固有の権利であり、幸福な生活を営むうえで欠かせない権利であることに加えて、人権が誰にとっても、差別されず平等に享有されるものであることを前提とする。クラス運営にあたっては、人権を柱に据えながら一人ひとりの主体的な参加と他者理解・他者尊重の精神の高揚を図る。

第４節　多文化クラスで人権を取り上げる意義

本節では、なぜ多文化クラスで人権という概念が必要で、かつ有効なテーマとなりうるのかについて説明する。

前提として先にも述べたが、本書は、普遍性を持つ人権が多様なバックグラウンドを持つ学生にとって共通のテーマとなり、議論を深める切り口になると考えている。ここでこの人権の普遍性について、もう少し踏み込んで説明を加える。人権の普遍性とは、以下の条文を根拠としている。

- 「世界人権宣言」の第１条には、「すべての人間は生まれながらにして自由であり、かつ尊厳と権利について平等である。」という人権の根本的な原則が規定されている（外務省仮訳）。
- ウィーン宣言第５条には、「人権は普遍的、不可分、相互依存、相互関連のあるものである。」とある。
- 文部科学省の人権教育指導方法等の在り方についての第三次とりまとめの第１章１（1）には、「人権は人々が生存と自由を確保し、それぞれの幸福を追求する権利である。」とある。

ここに挙げた3つの条文には、人権が国、言語や文化などの違いに拘わらず、誰もが平等に享有されている権利であり、普遍的であることが示されている。福田（2008）は、「人権は、人間が人間らしく生きていくために欠くことのできない、だれにも生まれたときから備わっている権利である」（福田　2008、25頁）と述べており、ここにも人権が普遍的な概念であることが示されている。

以上の点を踏まえて、なぜ多文化クラスで人権を学ぶ必要があるのかについて、次の5つにまとめる。

①人権は普遍的であり、捉え方が人によって異なることから、1つの答えを求めるものではない。このような考えに基づく人権は、学生に議論を始め、深める切り口となる。

人権は常に人々の日常生活と関わりがある。よって、事前知識がなくても、または学生によって知識量が異なっていても、自身を振り返って考えることで、誰もが「語り手」となることができ、相手から人権問題の個別具体的な側面について学び、理解を深めることができる。それゆえ、人権は一人ひとりが当事者となり、相互に議論することを可能とするテーマであるといえる。人権以外にも、留学生と日本人学生にとって身近な問題(家族や仕事など)はたくさんあるため、人権を唯一のテーマであると断定はしない。ただ、人権という概念を取り上げれば、多様なバックグラウンドの学生が互いに自身の国の状況を説明しながら理解を深めることができる。また、人権というテーマ自体、クラス内の自己と他者の関係に関わることから、他者への思いやりや他者傾聴などの「人権感覚」を身に着けて、高次のレベルの学びの効果を得ることが可能になる。具体的には、クラスの中で人権規範(道徳的規範)が実行されることで、一人ひとりの振る舞いや態度が変わり、自己と他者の間に、良好な関係性を築く素地が作られる。さらに、その中でさまざまな人権に関わる問題（教育や女性の権利など）を議論することで、私たちの権利と実態の両側面について知識を深めることができる。このような学びの効果は、人権という学習テーマの深い理解に加えて、他者理解・他者尊重の精神の高揚と「メタ認知的な見方」を深めることにつながる。「メタ認知」とは、1976年にフレーヴェル（John H.Flavell）によって使われ始めた言葉である。その概念であるメタ記憶は1971年まで遡る。その後、メタ認知研究は、1984年にブラウン（A.Brown）により広められた。心理学者の三宮（2008）は、フレーヴェルの概念を基礎に置きながら、メタ認知について「認知に対する認知、認知を対象化して認知すること」（三宮　2008、1頁）であると説明する。また、これは「通常の認知のレベルを超えたより高次の認知が働いていること」（三宮　2008、4頁）であるという。そして、「同じテーマについて異なる考え方を持つ他者と徹底的に意見交換することで、相手の視点に立って自分の意見を問い直し、他者の考え方を模索する活動が生まれ、メタ認知的活動が促進される」（三宮　2008、34頁）と述べている。さらに、「学習効果を高め、メタ認知を促すために、一般的、抽象的な知識を与えるだけでなく、具体的な事例を結びつけることが大切である」（三宮　2008、34頁）と述べている。本書では、このようなメタ認知的な見方を身に着けるうえで、多文化クラス内の多面的・多角的な議論が有効であり、さらに人権というテーマが、学生に議論を始め、そして深める切り口になると考えて議論する。

②人権は誰にとっても関わりのある身近な問題であることから、事前の知識量に拘わらず、自らの経験を振り返ることで、他者と意見を交換し、議論することができる。

これまでの多文化クラスの事例では、言語学習や異文化理解をテーマとする授業が多く、学生の相違に重きが置かれていた。序論で述べたが、2010年に異文化間教育学会では、異文化間教育に人権という視点が必要ではないかとの問題提起が出されていた。しかし、その後も多文化クラスで人権教育を実践した例を紹介したものはなかった。人権は先に述べた通り、第二次世界大戦後、世界に共通する規範として明文化された。これは人々が勝ち取ってきた権利であり、言語や文化の違いに拘わらず、誰もが平等に享有している権利である。しかし、現在もさまざまな人権問題が残されている。多様なバックグラウンドを持つ学生が集まるクラスにおいて、この人権を切り口として議論を始めれば、人権の保障と現実(実態)の差異が明らかとなり、それらに対して、学生の立場で何ができるかを考えるきっかけとなる。

一方で、学生間に矛盾・葛藤が生まれることも予想される。しかし、このような差異を調停する力の修得が、多文化共生の構築には欠かせない。そこでは、クラスのファシリテーターである教員が、これらの矛盾・葛藤を乗り越えられるように学生をサポートすることが求められる。このような認知的矛盾を乗り越えることができれば、学生に人権の理解の深まりと、他者への共感、新たな気づきをもたらすことができる。

同時に、人権は1つの答えを求めるものではないと気付かせることも大切である。他者の意見は自身の視野を広げるものとして捉え、仮に意見が異なっていても、多様な考え方の存在を知り、受け入れることによって、人と人の関係性を深めていくことができる。また、クラス内の多面的、多角的な議論を通じて人権問題への意識向上が図れるだけでなく、解決に向けた他国の先進的な取り組みに触れて、自国の問題解決に必要な新たな視点を学ぶこととなり、相互学習が促進される。また、国という枠組みを超えて、まずは多様なバックグラウンドの他者と共に身近な社会で起こっている共通課題を考え、具体的な解決策を話し合うことによって、人権の保障された社会づくりを目指して行動する意識が高められる。

③人権は、自己の文化、アイデンティティの形成に関わりがあることから、他者との議論を通じて自文化が再確認される。

テイラー(Charkes Taylor)は、自己のアイデンティティの確立と自文化の認識には、私的領域と公的領域の両者の関わりが重要であり、私的領域は常に他者との矛盾・葛藤の中で対話によって築かれていくものであると説明している(Taylor　1994、37頁)。つまり、私的領域と公的領域を交差させながら、各自が自文化を大切にしつつ、新たなアイデンティティを形成する過程において、自文化が再確認されていくのである。

樋口（2009）は、社会に複数の文化のあり方があることを認めながら、個人の解放を核心とする文化とそうでない文化の間の関係の非対称性について指摘している。そして、前者は「人々が自己の属するカテゴリー集団自身を批判する可能性、場合によってそこから離脱する可能性を認める文化」（樋口　2009、114頁）であり、後者は「個人を前提として、多様な生き方があり得ることを主張し、自分自身の内側での文化の多元性を承認しえない」（樋口　2009、114頁）と説明している。集団のアイデンティティの維持を優先させるのか、個人が自分自身で価値を選択するのかは、非和解的な分かれ目であるという。また「文化一般の多元性を承認したうえで、人権という文化は『批判的』にであれ『普遍』から離れることができない」（樋口　2009、114頁）と述べている。

人権それ自体を1つの文化と捉えれば、所属する集団の文化を守るのも、そこから解放されて独自の文化を築いていくのも、各自の権利であり、平等に保障されていなければならない。クラスには、多様な言語、文化を持つ学生が集まることから、そこには、多層的、重層的な文化が存在する。そのような中で、各自の自文化を共有し合うことで、自文化の再確認が起こり、新たなアイデンティティが築かれていく。ただ、文化相対主義や自文化中心主義のような、極端な文化の尊重は時に人権と相反する側面がある。重要なことは、まず人権が文化やアイデンティティと切り離せない関係にあることに気づき、人権を1つの文化と捉えて、他者の文化を尊重しながら、自文化を問い直す姿勢を育成していくことである。異なる文化と触れ合うことで、自文化やアイデンティティが確立されていくという点で、他者の存在が自分にとって必要であることに気付くことが大切であり、このことが多文化共生につながるのである。

④学生の主体性を尊重しながら教育を進めるうえで、人権という共通規範は必要不可欠である。また、人権を通じて、自己と他者の関係が構築される。

多文化主義を専門に研究するウィル・キムリッカ（Will Kymlicka）は、移民集団とは異なる民族的マイノリティーの存在を説明する。「民族的マイノリティーは、共通文化への統合に抵抗し、むしろ自分たち自身の社会的公正的文化をより強固なものにすることによって、自分たちが別個の存在であることを守ろうとしてきた。各自における単一の共通文化を作り出そうとする圧力を考えれば、ある文化が近代世界において生き残り、発展するためには、それは社会構成的文化でなければならない」（Kymlicka訳書　1998、118頁）という。一方で、移民集団は「自分たちの居住地」を形成するのではなく、国中に散らばって定住しており、民族的マイノリティー集団としての結びつきは弱いと考えられる。キムリッカは社会の中でマイノリティーとしての十分な権利や文化の保障が得られない者に対して、権利の主張ができるような社会を築いていく必要があり、その実現のために、まずは社会全体でマイノリティーの側から考え直す必要があると述べている。

多文化クラスは、キムリッカが想定する社会と全く同じ状況ではないが、クラスには多様なバックグラウンドを持つ学生が集まっており、そこでもマジョリティー・マイノリティー集団が築かれている。その状況は、日本社会のマジョリティー・マイノリティーとは異なるが、クラス内に「多文化共生」を構築するため、何らかの規範（秩序を保つためのルール）が必要になるという点では同じである。多文化クラスには、世界から集まる留学生が参加している。それゆえ、日本国内の法律や憲法ではなく、世界共通の規範として、世界人権宣言の条文を参照する必要があろう。本書では、世界人宣言の第7条に掲げられている「すべての人は、法の下において平等であり、また、いかなる差別もなしに法の平等な保護を受ける権利を有する。すべての人は、この宣言に違反するいかなる差別に対しても、また、そのような差別をそそのかすいかなる行為に対しても、平等な保護を受ける権利を有する。」をクラス内の共通規範として、クラス運営を進めていく。まずはクラス内に「人権文化」を築き、人権を規範として、他者と共に学ぶ姿勢を身に着ける。そして、他者と共通する課題に対して解決策を考え、行動に移しながら、他者と共に生きる意識を高めることを目指す。議論する中でさまざまな矛盾や葛藤が生まれることもあるが、それらを超克して「多文化共生意識」が育成されれば、身近な社会で他者と共に生きる意識を高めていくことにもつながる。このように、クラス内の学びが社会に波及効果をもたらすことを目標としながら、まずは多文化クラスでの人権を規範とした教育実践が大切であろう。

⑤人権教育を通じて築かれた「多文化共生」は、クラスから社会につながり、一人ひとりが尊重される社会の発展に寄与する。よって、学習テーマとして「人権」を取り上げることは、単なる意見交換に終わることなく、世界の人権問題に対して、平和的な解決を考え、具体的に行動する力の育成につながり、高次のレベルの学習効果（人と人の関係性を構築する力、社会変革力）をもたらす。

この点は、既述の①〜④とも重なるが、多様なバックグラウンドの学生が集まるクラスの中で、「人権」という概念の持つポテンシャルが生かされることを意味する。具体的には、人権の普遍性に関わる自由や平等といった理念は、仮に事前知識がなかったとしても、学生一人ひとりの考え方や価値観を他者と共有することで、議論を始めることができる。また、個別具体的な部分（これは主に人権の実態に関わるところであるが）は、言語や文化、社会状況の違いによって実態が異なることから、このような個別具体的な事情をクラス内で議論しながら共有することで、人権の実態を批判的に捉え直すことができるようになる。まずは誰もが平等に享有している人権という普遍性を切り口に議論を始め、人権を身近に捉える機会を設けることで、互いに人間としての共通性に気づくのである。また、一人ひとりが当事者として自身の経験や知識を他者と共有し、語り手となることで自己肯定感を高めることができ、さらに他者の意見や経験を聞くことで、人権に対する理解を深めることができる。人権を基盤とすることで、人と人の関係性が構築され、クラス内の学びが学内に、そして社会に広がり、人権尊重社会の実現に向けた行動力となっていく。このような学びの効果は、単なる意見交換を越えるものであり、人権をテーマに多面的・多角的に議論することで、メタ認知の深化が図られ、社会を変革する行動力が育成される。こうした力を持った人材が、他者を理解して受け入れることのできる人間であり、多文化共生社会を築く担い手となっていくのである。

以上に述べた理由により、多文化クラスにおいて「人権」をテーマに学ぶことを通じて、人と人の表面的な関係性構築にとどまらず、各自が自身を振り返り、身近な人権問題について他者に語り、他者と共に解決に向けて行動を起こす計画を立てるプロセスの中で、より深い関係性を構築していくのである。そこでは、多様なバックグラウンドを持つ学生間で、「人権」が規範として働いていることも強調しておきたい。

第5節　多文化クラスにおける人権教育の意義と効果

前節では、多文化クラスで「人権」というテーマを取り上げる意義を説明した。本節では、人権教育の意義と効果について、特に多文化クラスにおいて実践する必要性を検討したい。そこでは、人権の知的理解だけではなく、人権感覚を身に着けることを目標に据える。まず、「人権」という概念には無限の議論と解釈の余地があるが、「人権教育」にも多様なプログラムがありうる。クラス内で学ぶことのできる内容や方法には限りがあることから、効果的な学習内容や方法で実践することが重要になる。文部科学省の人権教育の指導方法等の在り方についての「とりまとめ」では、指導方法の在り方編と実践編の2つがまとめられており、実践編では合計43の具体的な事例が紹介されている。そこでは、女性、子ども、高齢者、障碍者、同和問題、アイヌの人々、外国人、HIV感染者やハンセン病患者等をめぐる個別の人権問題に対して具体的な実践例が説明されている。その方法も、フィールド・トリップや当事者による講演会、判例学習など様々である。

学校教育での取り組みは、道徳との関係が強く、人権教育の中に道徳教育が含まれる形で実践されている学校もある。では、大学ではどのようなテーマを取り上げるとよいのだろうか。国際人権大学院大学(夜間)の実現を目指す大阪府民会議は、1999年に関西の大学教員541名を対象にアンケートを実施し、大学生が議論する人権に関わるトピックとして、偏見の構造、人間の差別、差別撤廃論、環境問題と人権、日本とアジアの人権、平和学、人権情報開発(啓発)コース(講座)、共生社会総論、共生社会課題研究、情報弱者論、などが挙げられていたと述べている（人権問題に関する人材養成機関等検討委員会　2000、29-34頁)。これを見ると、学校教育では人権に関わる網羅的トピックを広く浅く総論的に学ぶ傾向にあるが、大学ではより専門的な視点から、各論を深く学ぶ傾向があるように思われる。本書では、特定の人権問題に絞って各論を学ぶ人権教育ではなく、国や学年、分野を越えて誰もが当事者となって学ぶことができるように、参加する学生一人ひとりが重要だと思う人権問題自ら見つけ、その解決方法を自ら考えるというプロジェクト学習を中心に進める。実践方法としては、机上で教員から一方的に知識を学ぶといったものではなく、ブレインストーミング、ケーススタディ、話し合い、創造的表現、社会見学、インタビュー、ロールプレイ/シミュレーション、視覚教材、その他のアクティビティ教材の使用など、参加型で進める必要があろう。教材としては、インターネットからダウンロードできる小中高向けの『ABC:人権を教える－小中高向けの実践活動』（国際連合広報センター 2004）や『動詞からひろがる人権学習』（大阪府教育委員会　2011)、小中高から大学生、社会人まで幅広く使用できる『人権教育のためのコンパス【羅針盤】』(ヨーロッパ評議会　2002年, 2006年訳) などがあるが、これらを参考にしながら、体験を通じて学ぶことが効果的ではないだろうか。

1　人権教育の意義

まず、学校教育や高等教育といった教育段階の別に拘わらず、共通する人権を学ぶ意義をまとめておきたい。森(2000)は、人権教育について「人権を大切にしつつ、人権について教える教育であり、人権という内容について教えること(人権についての教育)、人権という価値観に応じた雰囲気や方法で教えること(人権を通じての教育)、教育を受ける権利の保障を進めること(人権としての教育)、人権に満ちた社会づくりを目指して教育を進めること (人権のための教育) などが含まれている」(森2000、48頁) と説明する。ここで大切な点は、自分の人権について学ぶだけでなく、他者の人権について理解すること、そして自らの権利と責任を自覚して、相互に人権を尊重しあう気持ちを育てることである。

平沢 (2011a) も、森による4つの側面を考慮しながら人権教育を実践することの重要性を強調している。本書では、平沢 (2011a) の見解を基に、それを多文化クラスに当てはめて解釈を加えながら次のようにまとめておきたい。平沢(2011a)は、人権としての教育(下線は筆者)について、まずは教育の機会を保障することが大切であるという。そして、人権が尊重される教育を実現するために、教育を通していかなる意欲や将来展望が形成されるのかを考えて学習計画を立てることが不可欠であると述べている (平沢　2011a、20頁)。多様なバックグラウンドを持つ学生が集まる多文化クラスでは、一人ひとりが当事者となって対等な立場でクラスに参加して、共に学んだ経験が地球市民の育成につながるような学習活動・内容を工夫することが重要となる。人権についての教育(下線は筆者)は、生徒が人権教育を通していかに人間に対する多面的なとらえ方や文化、社会、世界に対する批判的な見方を育てたかについて問い直すことであるという（平沢　2011a、21-22頁）。多文化クラスでは、言語や文化の異なる学生が集まることから、事前に特定の人権問題に絞るのではなく、まずは普遍的な人権の概念と、人権に含まれるさまざまな問題を学ぶ。次に、それらの知識を下地として、当事者が最も大切だと考える人権問題を自ら考え、それを掘り下げて議論することが重要であり、学習内容や方法をパターン化せず、学生のバックグラウンドや興味・関心に合わせて変えていく必要がある。人権を通じた教育（下線は筆者）は、教師と生徒が共に学ぶ意識と姿勢にあふれ、相互に人権尊重をしようとする精神がみなぎっていることであるという（平沢　2011a、23頁）。つまり教員も学生と共に学び、多様な学生が相互に尊重できるような環境作りに努め、教員は、ファシリテーターとして学生の主体性を重んじながら、学生が直面する矛盾や葛藤を乗り越えられるような支援を行う必要がある。人権のための教育（下線は筆者）は、「人権文化」を構築するための資質や力量を育てることであるという（平沢　2011a、24頁）。ただ、本書では多文化クラスを対象とすることから、「人権文化」を構築するにあたり、多様な学生のバックグラウンドを考慮して、クラスルーム・ルール（①クラスで出された発言はクラス内にとどめること、②クラスの中で学んだことは外で行動に移していくこと、③自らについて語りたくない場合は、身近な他者について語ってもよいこと）を徹底することが重要であろう。

以上に挙げた4側面は、人権教育の学習計画立案時の指針として大切である。また、実践を進める中で、参加する学生の属性や興味・関心に合わせて学習内容や方法を変えていく必要がある。本書では、多文化クラスにおける多様なバックグラウンドを持つ学生が人権について議論することで、単に人権についての知識を増やすだけでなく、他者に対しての理解を深め、異なる意見を受け入れて、寛容な態度を身に着けること、さらに、自らの意見が唯一絶対でないことに気付くことを目指す。

このような学習を通じて得られる効果は、人権の「知識、価値/態度、技能、行動力」の相対化、対象化につながると考える。言い換えると、多様なバックグラウンドの他者と人権問題について掘り下げて議論する中で、人権を表面的に理解するだけでなく、人権の深い理解（人権の知識を基に、それを規範として行動できる力）を得ることが可能となり、結果的に高次の学びを得ることにつながり、メタ認知的見方を深めることができる。

ここで多文化クラスにおいて人権教育を実践することを通じて得られる「メタ認知的な見方がもたらす力」とはどのようなものか、筆者の解釈を加えながら、以下にまとめておきたい。

①他者との意見交換を通じて、新たな発見を得るとともに、自己の意見との違いに気付きながら、自文化を再確認していく力。
②自己の意見や経験を他者に分かりやすく伝え、同様に、他者からも意見を聞くことで、他者との情報のやり取りを通じて、共通性・相違性・関係性を探求して分析する力。
③積極的・主体的に他者と関わり、相手の立場を考えながら対話する力。
④異文化間の相違性から生じる誤解や摩擦、緊張関係を調整したり、妥協点を探ったりして、他者と協力して問題を解決する力。
⑤問題を解決するために、単に自身の意見を主張するだけでなく、資料、状況を客観的に解釈、分析、吟味して判断し、根拠に基づいて自らの考えを表明する力。
⑥多文化化する社会の一員としての自覚を持ち、日常生活で直面する課題（人権問題）に対して解決策を考え、行動しようとする力。
（国際文化フォーラム編『外国語学習のめやす』を参考にしている）

以上の学習成果を得るために、世界各地から学生が集まるクラス環境のもとで、人権をテーマに取り上げて、学生の多様性を生かしながら普遍的な側面から個別具体的な側面を掘り下げて議論し、互いに学び合うことが有効であると考える。

2　多文化クラスにおける人権教育の効果

これまでの議論をまとめると、多文化クラスにおける人権教育の意義と効果は図3のようになる。

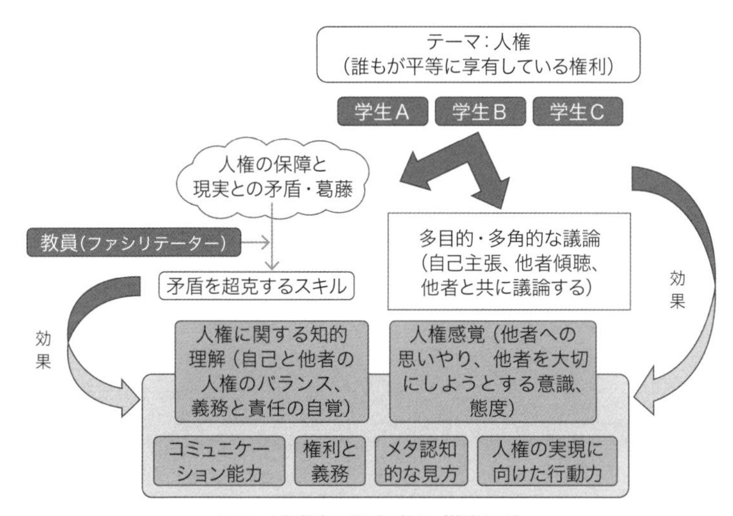

図3：人権教育の学びの効果（筆者作成）

学生A、B、Cが自らのバックグラウンドの違いに拘わらず、誰もが平等に享有している人権を切り口として議論を始めることで、多面的・多角的な視点から意見が出されるようになる。このような議論を通じて自らの意見が唯一絶対でないことに気づくとともに、本来保障されるべき人権が実際には守られていない現実を知り、それを批判的に捉えて、人権と現実の矛盾を超克するスキルを身に着けていく。結果として、多様なバックグラウンドを持つ学生が、共通課題に対して議論し解決策を考える中で、人権の理解を深め、メタ認知的な見方を深化させることができる。さらに、自らの意見を述べるだけでなく、他者の意見を傾聴することで、相手に対する理解を深め、建設的な意見を述べることのできるコミュニケーション能力を高めるとともに、自己の権利だけでなく他者の権利とのバランスを考えて、自らの義務と責任についても理解する。人権というと、自らの権利のみを主張しがちであるが、他者の人権を守るために、自らの権利が制限されることについての理解も大切である。また、自己と他者の人権を守るために義務と権利があることについても学ぶ必要がある。つまり、自らの権利と他者の権利についての理解、相手の権利を尊重する気持ちと、自らの義務や責任の理解、さらに、人権の保障された社会を築くため、実践的な行動に移すことのできる力を育成していく必要がある。これらの効果は学生一人ひとりが学びの主体となって、他者と共に学ぶプロセスの中で得られるものであり、その中で多様性が生かされる。

第6節　効果的な人権教育プログラム

本書では、一人ひとりが当事者となって自らを振り返り、他者に自らの人権問題を伝え、他者と共に解決策を考えることで、互いに学び合う「生きた人権教育」を実践する方法を具体的に紹介する。まず、本節ではこのような人権プログラムはいかなるものかについて考えるため、第6章で筆者が実践する人権教育の特徴をまとめておく（プログラムの概要については、参考資料4を参照）。

1　人権教育の目標と実践上の注意

人権教育の目標として、世界プログラム第2フェーズの4項は、「知識および技能、価値、態度および行動、行動」の育成を挙げている。文部科学省の「とりまとめ」の中でも、人権教育を通じて育てたい資質・能力として、「知識的側面、価値的・態度的側面、技能的側面」（第1章1（4））を挙げている。「とりまとめ」の説明によると、「価値的・態度的側面」とは、「個人の尊厳をはじめ、自他の人権を尊重することの意義や必要性に対する肯定的な評価や受容、責任感や共感性・連帯性、人権擁護の実現を目指す意欲や態度など」であり、「技能的側面」は「知的諸技能と社会的技能など」であるという。これらの関係について、平沢（2011b）は「この3つの側面をばらばらに捉えるのではなく、全体的に把握することが重要である」（平沢　2011b、15頁）と述べている。

また平沢（2007）は、「知識」について、単なる条文や解釈を覚えることだけではなく、「人権のとらえ方の知」、「人権問題についての知」、「人権の行使に関する知」という3つの知があると説明している（平沢　2007、87頁）。さらに、「行動」については「日常的な場面における振る舞い」と「社会的なアクション」という2つの側面があるという（平沢　2007、92頁）。そして、

①人権およびその保護のための仕組みについて学習し、かつそれらを日常生活の中で適用するスキルを身につけること（知識、スキル）、

②人権を支える価値観を発達させ、かつそのような態度及び行動を強化すること（価値観、態度、行動）、

③人権を擁護および促進するための行動を取ること（行動）、が重要であるという（平沢　2007、91頁）。

本書においても、知識の習得のみを目的とした授業ではなく、知識から行動へとつながる学習計画（Plan）を立て、各側面を考慮しながら体系的なプログラムを考案する（各側面については、参考資料4の1.目標のところに記載している）。目標設定にあたっては、クラス内に「人権文化」を構築することを視野に入れて、個の領域、他者関係の領域、社会関係の領域の3つから検討を加えている。この「人権文化」という言葉は、第2節で説明した「人権教育のための国連10年」で用いられたものである。平沢（2011a）は、「人権文化」という言葉を解釈するにあたり、「個の領域」、「他者関係の領域」、「社会関係の領域」、「自然関係の領域」という4つの領域に分けて以下のように説明している。

1つ目の個の領域（自己との関係）は、「ありのままの自分を認めること」（平沢　2011a、15頁）、そこには自己肯定、自己尊重、自尊感情、自

己実現などが含まれるという。

2つ目の他者関係の領域は、「多様な他者との豊かな関係性の構築を目指し、異質な存在との出会いを社会的な豊かさに結び付けていくこと」(平沢　2011a、16頁) であるという。

3つ目の社会関係の領域は、「自らの思いや気づきを社会に発信したり、社会をより良くするために行動したりする意欲や自己効力感が、自らの生きがいをもたらし、社会のエネルギーを活性化させること」(平沢　2011a、16-17頁) であるという。

4つ目の自然関係の領域は、「地球環境の保全や自然との共生」と「食や健康の問題」のマクロとミクロの視点から考える必要があり、その中には「環境教育や持続可能な開発のための教育、そして食育や健康教育を充実させるための取り組みなど」(平沢　2011a、17頁) が含まれるという。

同様の説明は、人権教育以外の分野においても使われている。例えば、佐藤 (2003) は多元主義を柱として、その多元性には、「共生」が求められており、この共生には「自己と共生、他者との共生、そして環境との共生、という3つの次元がある」(佐藤　2003、127頁) と説明している。ここには、「人権文化」で求められる「自己、他者、環境」の3領域と重なる点が見られる。佐藤は「共生」の実現に、3領域を挙げていた。序論で説明したキーワード「多文化共生」の解釈では、米田他 (1997) の見解を引用した。そこでは、自由と平等を保障するために、人権という普遍的な概念が必要であると指摘されていた。つまり、平沢、佐藤、米田他の見解には、共生と人権、自己と他者の関係性、環境との共生などの点で重なりがあることから、「多文化共生」を構築するためにも、人権という概念、また3領域を考慮する必要があると考えられる。これらをまとめると図4のようになる。

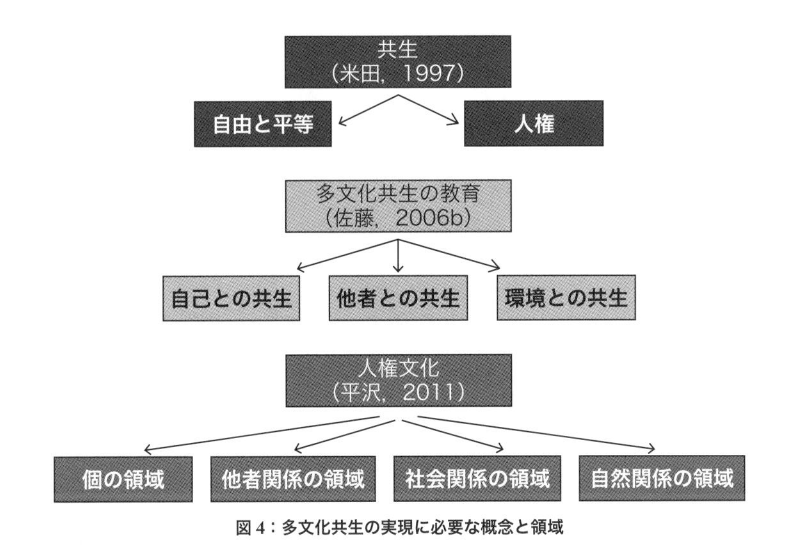

図4：多文化共生の実現に必要な概念と領域

図4に示しているように、米田他と佐藤の見解には、人権を基本として、自己、他者、環境から共生を捉える必要があるという共通の視点がある。そして、平沢（2011a）はそれに社会関係を加えて、「人権文化」を捉えようとしている。

本書の人権教育は、自己、他者、社会の3領域に焦点を絞って考えることにする。ここで、本書が目指す人権教育の学びの効果と「人権文化」の関係をこの3領域からまとめておく。まず、各自（自己）が積極的にクラスに参加することで、創造性、柔軟性、責任感を身に着けることができる。そして、自己と他者が共に学ぶことで、内省力、自尊感情、自主性、自立性が高められる。また、他者の意見を傾聴・尊重することで、寛容性、共感性を身に着けられる。さらに、社会の中で他者と共に生き、他者との関係性を構築する力が身に着く（参考資料4の1.目標を参照）。このような多文化クラス内での「人権文化」の構築が、身近な社会における人と人の関係性構築に必要な「知識、価値/態度、技能、行動力」の育成につながる。

人権教育を実践（Do）する際は、2002年「人権教育・啓発基本計画」の以下の文言を参考にする。「人権教育・啓発の手法については、法の下の平等、個人の尊重といった人権一般の普遍的な視点からのアプローチと、具体的な人権課題に即した個別的な視点からのアプローチとがあり、この両者があいまって人権尊重についての理解が深まっていくものと考えられる」（第3章2（2））。平沢（2011a）も同様の観点から「世界人権宣言が掲げた普遍的人権の理念や考え方は、個々の具体的な人権課題をめぐる現実の変化を通じて次第に具現化する」（平沢　2011a、10頁）と述べている。1993年のウィーン世界人権会議でも、人権は普遍的であるが、その実施に関しては国や地域の特殊性、さらには歴史的、文化的、宗教的背景を考慮に入れる必要があると指摘している。人権には普遍性と地域性があり、人権を解釈し実現するためには、個別具体的な側面を検討する必要がある。また、人権をこの2つの側面から議論することで、人権の理解を深めていくことができる。本書においても、人権の普遍性を強調するのではなく、「普遍/個別的なアプローチ」の両方を取り入れた学習計画を提案する。

教育現場では、計画と実践に差異があるとの指摘もある。平沢（2011b）は、これまで「これら2つのアプローチがどのようにすれば効果的に統合されるのか、また、なぜ統合される必要があるのかについては具体的に述べられてこなかった」（平沢　2011b、10頁）と述べている。そして、「縦糸と横糸（個別と普遍）の間を繰り返し行き来することによって、普遍的視点と個別的視点が統合され、縦糸と横糸がより精微に織り合わされていく」（平沢　2011b、14頁）ものであるという。本書では、多文化クラスに集まる学生の多様性を生かして、人権理解の深まりにつなげていけるように、①まずは人権の歴史や人権という概念を理解し、②その後、学生一人ひとりが自らの人権問題を振り返って、他者に語り、共通する課題を見つけ、③解決策を共に考えて行動に移していくことを目標に、活動内容を計画し、実践したものを紹介する。

2　世界プログラムとの整合性

次に、国際連合の世界プログラムに明記されている人権教育の方針と本書で紹介するプログラムの適合性といった観点から、説明を加えておきたい。先述の通り、2010年10月に世界プログラム第2フェーズが決定されたが、第6章で紹介する実践は、これに先駆けて実施したものである。ただ、結果として第2フェーズに規定された内容に沿ったものであったことを強調しておきたい。本項では、世界プログラムの第2フェーズの高等教育における人権教育推進の取り組みに関する項目を挙げながら、第6章で紹介する実践がどの点において世界プログラムの規定と合致していたのかについて説明を加える。

> 28. 質の高い人権教育を実現するためには以下の諸側面が必要である。これらは国レベルや高等教育レベルの政策立案者、ならびに場合によっては教員を対象にしている。
>
> (a) 教授・学習プログラムと科目に関すること：
>
> (i) 法学、社会科学あるいは歴史だけではなく、科学・技術の専門分野も含めて、高等教育のあらゆる学問分野を横断する課題として人権を位置付けるための戦略を開発する。
>
> (ii) あらゆる分野の学生に対して、人権に関する入門的科目の提供を検討する。
>
> (後略)
>
> (Second phase (2010-2014) of the World Programme for Human Rights Education 引用文献：部落解放・人権研究所 (訳) 平沢安政　2010、93頁)

第6章で紹介する多文化クラスには、多様なバックグラウンドの学生(国籍、専門分野、学部生・大学院生など) が集まる。そこで、初めて人権を学ぶ学生でも理解できるように、テキストを用いて基礎的な内容を取り上げた。そして、学生が他者と学ぶ中で、新たな気付きを得るとともに、メタ認知の深化を図ることができるように、内容や方法を工夫しながら進めた。

具体的には、学生には事前に課題としてリーディングやワークシートを渡し、授業には準備をしてから参加することを条件とした結果、言語のハンディキャップがある学生の発言が促された。授業中は、教員が重要な点を解説し、情報を補足した後、テキストの内容と関連のあるテーマを提示して、全体、または小グループで議論する時間を設けた。

(b) 教授・学習資料

(i) 学習者が能動的に参加することを促すような教育、研修教材を開発する。

(中略)

(iii) 人権教育教材の収集、共有、翻訳、翻案を促す。

(後略)

(Second phase (2010-2014) of the World Programme for Human Rights Education 引用文献：部落解放・人権研究所(訳)平沢安政　2010、93頁)

授業では少人数のグループ活動を取り入れて、誰もが発言できるような環境作りに努めた。また、授業形式は講義や議論だけでなく、実際に体験しながら学ぶことができるように関連するアクティビティを取り入れた。

テキストは洋書を使用したが、日本人学生には日本語版も渡すことができれば、言語面での助けとなる。第6章の実践で使用したテキストには日本語版がなかったため、日本語の参考文献の紹介や補足資料を配布した(2018年7月に日本語版が刊行されている)。また、授業のフォローアップとして、授業後の学習会や、質問・相談の機会を設けた。

（c）教授・学習実践および方法

(ｉ) 対話型の参加を促す学習者中心の方法ならびに異なる視点や批判的省察の探求を促す活動を採用する。

(中略)

(ⅲ) 地域での調査やサービスラーニングなど、学習者が人権概要を理解し、その生活や経験にあてはめられるように促す経験的な学習方法を用いる。

(中略)

(ｖ) 人権の原則に合致した質保証のシステムを高等教育において確立し、人権教育の具体的な質保障の仕組みをつくり出す。

（Second phase（2010-2014）of the World Programme for Human Rights　Education 引用文献：部落解放・人権研究所（訳）平沢安政　2010、93頁）

第6章で紹介する実践では、教員が一方的に教えるのではなく、留学生と日本人学生の間、そして教員と学生の間で円滑な対話が行われるように、学生の積極的な参加を促し、技能・態度の育成を目指して学習者中心で授業を進めた。

地域との関わりについては、授業の半ば頃にユニセフ大阪支部のボランティアをゲストスピーカーとして招聘し、大学外の地域とのネットワークを図った。実際にゲストスピーカーを招聘したのは、15回のうち1回だけであったが、その時の授業では、授業後も多くの学生が残り、積極的にスピーカーに質問する姿が見られた。事後に発行された「ユニセフ通信」（ニュースレター）では、第6章で紹介する人権教育の実践が掲載された。このことを通じて、高等教育の多文化クラスでの人権教育の実施例を社会に発信する機会にもなった。

質の保証という点では、クラスを担当する筆者は定期的に教員研修（Faculty Development）に参加し、自らの教育実践を振り返り、省察（Check）する機会を持った。また、学会で口頭発表や論文投稿などを通して、授業改善（Action）に努めた。本書では4つの事例を異なる観点から分析し、理論と実践の関わりをまとめている。

教育実践を遂行する際は、学生と共に築く民主的な授業作りに努めた。具体例を挙げれば、毎回授業後にコメントシートを用いて学生に意見を聞く機会を持った。コメントシートには、選択式と自由記述式があり、ここでは学生が授業態度を自己評価するとともに、授業に対して自由に意見を述べる機会を設けた（コメントシートについては、参考資料6-1～6-4を参照）。そして筆者は授業で学生から出された意見を聞きながら、授業に反映させつつ、学習内容に関わる意見に対しては教員としての立場を堅持し、授業方針を大幅に変えることがないよう進めた。

29. 人権の分野で新しい知識を開発し、批判的省察を促すうえで、高等教育は根本的な役割を果たす。高等教育は人権教育政策および実践に対し、研究を通じて情報を提供する必要がある。なかでも、つぎのような戦略が求められる：

(a) 既存の実践、教科学習および評価に立脚した革新的で効果的な方法やツールの開発につながる研究を奨励し、そのような研究に投資を行うとともに、研究の成果を広く普及させること。

(後略)

（Second phase（2010-2014）of the World Programme for Human Rights Education　引用文献：部落解放・人権研究所（訳）平沢安政　2010、94頁）

この点については、口頭発表や論文を通じて広く発信し、実践上の改善点を考察するとともに、得られた知見の普遍性について検討を加えた。

まとめ

本章は、前章までの議論を踏まえて、多文化クラスにおける学習テーマについて検討した。その中で普遍的な概念である人権を取り上げる根拠と多文化クラスで人権教育を実践する意義と効果について議論した。人権は誰もが平等に享有している権利であり、人として守るべき共通規範（秩序を保つためのルール）を示すものである。多文化クラスで人権を取り上げることで、多様なバックグラウンドの学生が人権を切り口として議論を始め、深めるきっかけが作られると考えられるが、実際には、人権という概念には、普遍的であると単純に断言できない側面があることも示唆された。人権の個別具体的な側面は、状況により多様であることから、このような複雑な側面を持つ人権を多文化クラスで取り上げれば、学生間の文化的な差異から議論を通じて矛盾や葛藤が生じることも予想される。本章では、これらの矛盾や葛藤を乗り越えて、人権の深い理解と他者尊重の気持ちを高めてクラス内に多文化共生を構築するため、教員がファシリテーターとして、人権の知識を教えるだけでなく、学生と共に対話しながら、人権の「価値/態度、技能、行動力」を身に着けられるような人権教育プログラムを考案した。その中では、人権教育の目標として、知識習得だけでなく、自己の意見を他者に伝え、他者の意見を傾聴し、相互理解を深めていく態度や技能を育成する「人権感覚」の育成を掲げた。この「人権感覚」の中には、「コミュニケーション能力、権利と義務の理解、メタ認知的な見方、人権の実現に向けた行動力」が含まれている。次章では、本章で議論した点を多文化クラスで実践し、クラス内に築かれた関係性や学びの効果が、人権が保障される社会を築いていこうという意識と行動力の高まりにつながるかのかについて、質問紙調査を行って確認する。

第６章　人権教育の実践と実証的分析

本章では、前章でまとめた人権教育プログラムを大学教育現場の多文化クラスで実践し、人権教育を実践する意義と効果について質問紙調査結果の分析を基に検討する。第4章で紹介した筆者の教育実践では、学生間、学生と教員の間の対話不足などの課題が残された。本章は、これらの課題に対する解決策を講じながら、「人権」という学習テーマのもと、多文化クラスで人権教育を実践することが、「多文化共生」を築くために効果的であると仮定して議論を進める。この仮定を立証するために、本章では全15回の授業の実施前と後の2回、同じ質問紙を用いて学生に人権意識を尋ね、多様なバックグラウンドの学生が集まるクラスに参加することで、どのような変化が見られるのかについて回答結果を分析する。本章で紹介するのは、2010年後期（2010年10月～2011年2月）に、筆者が「人権教育の促進」というタイトルで実施した多文化クラスである。本章は、前章の議論を深めるだけでなく、事例を通じて人権教育の具体的な実践のあり方を説明しようとするものである。

第１節　多文化クラスにおける人権教育の実践と調査

本節では、本章の調査方法を説明した後、教育実践の概要、および調査対象者の特徴を説明する。特に、授業の実施前の質問紙の結果を基に、本クラスに参加する学生が人権に対してどのような見解を持っているのか、また言語のハンディキャップを持つ学生に対して、どのような意見を持っているのかを紹介する。

1　調査方法

第4章は、筆者の教育実践の省察や他の教員が担当したクラスの参与観察結果の分析という、質的な調査を中心に進めた。本章では、本書の知見をより客観的なものにするために、サンプル数は少ないが、質問紙調査を行って、量的な分析を加える。

主な方法は、多文化クラスでの人権教育の実践とその省察、そして、全15回の授業の実施前と後に行った、同じ質問紙を用いての調査、さらに2回目から14回目の授業終了時のコメントシートを用いた振り返りの分析、である。

本章の方法論は徳井（1999）の先行研究を参考にしている。徳井（1999）は、留学生と日本人学生を対象に、「異文化理解とコミュニケーション」というタイトルで授業を行い、授業後に受講生に学びを振り返って「自己評価」させている。そこでは、次の2つの方法が用いられている。1つはプログラムの進行中に実施した「形成的評価」で、もう1つはプログラム終了時に行った効果測定のための「総括的評価」である（徳井　1999、64頁）。

（1）振り返りの対話

1つ目の「形成的評価」は、毎回の授業の振り返りとしての自己評価である。筆者は受講生にコメントシートを用いて授業後に自らの参加態度を自己評価させ、学生が記述したコメントをクラス運営の際に考慮しながら、民主的な方法で授業を進めた。筆者がクラス内で取り入れた「形成的評価」は以下のようなものである。

①初回の授業で学生に質問紙を用いて「クラスに言語面でハンディキャップのある学生がいる場合、あなたは何をしますか？」と尋ねて意見を求めた（質問紙は参考資料5の質問紙Ⅰ記述式4を参照）。ここで、学生に言語の壁に対して意見を求めた理由は、本クラスでは日本人学生を含む非英語圏の学生が、言語の面でハンディキャップを負っているからである。

②2回目の授業で筆者は学生の意見を紹介し、フィードバックしながら「学生の積極的なクラス参加と発言、学生同士の相互支援」をクラス目標とした。そして、クラス内で互いに言語の面で必要に応じてサポートすることを呼びかけた。

③毎回授業後に「コメントシート」を用いて、参加学生に目標達成度について振り返らせた（使用したコメントシートは、参考資料6-1～4を参照）。

④次の授業では筆者の方から「コメントシート」に出された意見を学生にフィードバックしながら、クラスの中で取り組むべき課題を明らかにして、それらを解決するために、クラス全体で取り組むことを呼びかけた。そして、筆者も教育実践の中で学生の意見を取り入れながら授業を進めた。

このような取り組みは、本クラスの学生の共通課題である学生間の「言語の問題」を解決するために、筆者がクラス目標を立てて学生と問題を共有し、毎回達成度を学生と共に振り返りながら解決していこうとするもので、アクション・リサーチと類似している。アクション・リサーチとは、メリアム＆シンプソンの言葉を用いれば、「①調査者は、問題解決への支援者として関わる。また、場合によっては、調査結果とそれからもっとも利益を得たり、それによって行動を起こしたりするような人々の間の媒介者となる、②調査結果は、調査にかかわった人々や調査を行う対象となった人々による即座の活用が狙われている、③アクション・リサーチのデザインは、調査開始の前に完全に決定されているというよりは、むしろ調査の進行中に組み込まれていくものである」（Merrium & Simpson訳書　2010、140頁）などの特徴を持つ調査方法である。この技法は学校や教室などの実践現場の問題解決にも用いられている。本書では実践を行う際に、教員がアクション・リサーチをすると学生に説明して、共に取り組んだものではなかったことから、ここでは「学生と教員が共に築くクラス運営」（振り返りの対話）と表現することにする。次節では筆者が学生にクラス目標を示して、学生と教員が共に目標の実現に向かって対話しながらクラス運営を行った様子とクラス内の変化について具体的に説明する。

(2) 質問紙調査

2つ目の「総括的評価」について徳井（1999）は、アンケートを用いて、プログラムの開始時に学生に対して「この授業はあなたにどんな影響を与えると思いますか」と尋ねて予想を立てさせ、終了時には「プログラム全体をふりかえり、プログラム開始時に書いた事がらを評価してください」と尋ねて、それらを比較している（64-65頁）。その結果、開始時には4%しかなかった記述量が、終了時には48.7%まで増えていたと説明している（徳井　1999、61頁）。また、記述量が増えただけではなく、全体的な「ふりかえりのプロセス」の中で、実際の体験が具体化・明確化されていき、心情的な側面の変容が引き出されたという（徳井　1999、69頁）。このようにアンケートを実施して、学生が自己を客観的に振り返り、自己の行動・感情の観察力を高めていくプロセスが重要であると説明している（徳井　1999、69頁）。

本書では、人権教育の授業に参加した学生の意識変化と学習効果を測定するため、全15回の授業の初回（「実施前」とする）と最終回（「実施後」とする）の2回、質問紙調査を行う（質問紙ⅠとⅡを使用）。調査対象者は、a.初回の授業に参加した学生（初回のみ参加した学生も含まれている）、b.初回から最終回まで継続的に参加した学生、である。第1節では、このaの学生の回答結果を分析し、言語や文化の違いによって人権に対するとらえ方が異なるのかについて検討する。第2節は、全15回の授業のうち、学生が毎回授業後に記入したコメントシートや授業中の参加態度の変化を中心に分析する。第3節では、bの学生の実施前と後の回答を比較し、多文化クラスで人権教育を実施することによって人権に対する意識に変化が見られるのかについて検討する。本章では、学生が記述した意見を紹介するが、これらは英語で書かれたものを筆者が日本語訳していることを断っておく。質問紙(参考資料5を参照)は選択式と記述式の2部構成とした。作成の際は、大阪府箕面市と泉南市で実施された市民の「人権意識調査」や、影山(1999)の「人権意識調査」、文部科学省の2008年「人権教育指導方法等の在り方」を参考に、多文化クラスにおける人権教育の実践という観点から、筆者の授業シラバス(学習計画)の内容を考慮して、選択式項目を34問設けた(この34項目は、実施前と後の共通項目である)。これらは、「人権教育」で目指す4つの指標「知識、価値/態度、技能、行動力」に沿って、①学生の意見や価値観に関わるもの、②知識や技能に価値観が加わったもの、③授業の仕掛けにより効果が見られるかを確認するもの、の3パターンで構成されている(詳細は、参考資料5の3を参照)。本コースの目標は知識習得よりも、むしろ人権感覚を身に着けることに重きを置いていることから、質問は知識より価値/態度、技能の項目を多くしている。回答は、質問紙IIで肯定になるように設定し、内容によっては逆転項目として集計した。

質問紙Iでは、以前人権について学んだことがあるかという質問や、国籍・性別などに関する属性を尋ねる項目など、履習前の知識量やバックグラウンドを問う項目も設けた。また、質問紙IとIIの最後では、自由記述式で異なる問いを設けて、授業の中で学びたいことや授業を通じて学んだことについて尋ねた。質問紙は、まず日本語で作成し、教育学を専門とする複数の研究者から助言を受けて修正し、筆者の授業のティーチングアシスタント(教育心理学、博士後期課程在籍の学生)にパイロットテストを行って、話し合いながら修正を加えた。そして筆者が英訳した質問紙を英語母語話者に見せ、修正を施してもらった。調査対象者には、研究の目的を明記して、同意の上で回答してもらっている。本書では質問紙IとIIの回答変化を比較するため、記名式とした。

回答は「とてもあてはまる」〜「全くあてはまらない」(質問内容によっては、「とてもそう思う」〜「全くそう思わない」と捉える。英語では“strongly agree”〜“strongly disagree”と表記)の5段階尺度を用いた。回答用紙には番号を付記していないため、これを順位尺度とする。質問紙

Ⅰで、回答が肯定と否定に分かれた項目では、質問紙Ⅱに記述欄を設けて理由についても記述を求めた。回答時間は、質問紙Ⅰは30分、質問紙Ⅱは1時間とした。

(3) 分析方法

分析の際は、授業の実施前と実施後の回答に変化が見られたかを確認するため、フィシャーの有意性検定（フィッシャー正確確率検定）を用いた。この検定方法は、フィッシャーが農事試験の解析をめぐる諸問題に対処する中で、専門家と農事従事者間の「コミュニケーションの規則」という機能を果たす方法として展開されたものである。これは、実験計画法や有意性を正確に査定するための統計的検定法として、さらに帰無仮説（最終的に間違いだとみなしたい仮説）を棄却するという有意性検定として理論的に確立されたものである（芝村　2004、83-88頁）。もとは、農事試験を背景に、少数のデータしか獲得できない状況の中で、小標本から母集団に対して行われる統計的推測の妥当性を保証するものとして使われていた。本書ではサンプル数が少ないことに加えて、回答が順位尺度であり、各項目の解釈には個人差があることから、このフィッシャー正確確率検定を使って分析することにした。また、フィッシャー正確確率検定に加えて、一致率も算出した。一致率は、2回とも同じ回答を選んだ人数が、全体の回答者数の何パーセントに当たるかを示すものであるが、この数字が大きくなれば、2回の回答に変化が見られなかったことになる。

2　授業概要と参加者の特徴

本科目は、英語で実施する「国際交流科目」の1つで、主な対象は交換留学生であった。日本人学生にとっては必修でないが、選択科目として受講することができる。登録者数は38名（内訳は後述する）であった。コースの目標は「人権」の知識習得に加えて、言語・文化の異なる学生が、共にディスカッションしながら、多様性への寛容な態度や技能を身に着けることとしていた。

授業概要は、初回がコース紹介、2回目から11回目は議論とアクティビティ、12回目から14回目は学生のプレゼンテーション、15回目は期末試験とした（プログラムの概要は、参考資料4の通り。）テキストは“Teachers and Human Rights Education”（Audrey Osler, Hugh Starkey著, 2010年, Trenham Books発行）を用い、授業では毎回1章分の内容を取り上げて、まずは補足説明を行い、その後ディスカッションする時間を設けた。知識の基礎には世界人権宣言を置き、単に人権文書を読んで理解するだけでなく、アクティビティも取り入れながら、体験を通じて学ぶことを重視した。アクティビティの例としては、「ダイヤモンドランキング」がある。これはグループで活動するもので、まず短冊状にした世界人権宣言の全30の条文をメンバーと読みながら、いずれの権利が優位であるのかについて考え、9つの権利を選んで優先順位をつけて模造紙に1～9の順番に並べるというものである。グループで話し合って模造紙に意見をまとめた後は、他のグループの模造紙を見て回りながら、自分のグループとの相違や共通点について話し合う。このアクティビティは、グループによって違いが出てくる理由を突き詰めて議論することが重要で、最終的には人権が分割できるものではなく、相互関連していることに気づくことを目標としている。実際に活動してみると、グループに集まるメンバーの属性やバックグラウンドによって重要だと考える権利の順位が異なり、興味深い議論に発展した。この活動を通じて、具体的に権利の内容とその実態についてグループのメンバーがそれぞれの立場から語り合い、掘り下げて議論することができた。このアクティビティについては、第3節2の質問紙調査結果のところで再度触れる。

8回目の授業では、ユニセフからゲストスピーカーを招き、「国連児童の権利条約」をテーマにワークショップを行った。9回目以降の授業は、グループでのプレゼンテーションの準備の時間とした。プレゼンテーションでは、「各自の生活を振り返って、自らの人権問題について考え、グループで問題を共有して、その解決策を考える」という課題を出して、グループでアクション・プランを立てて発表することとした。

(1) 研究対象者

本節の対象は、質問紙Ｉに回答した学生とする（初回の授業参加者は54名であった）。そのうち、初回の授業後、質問紙を提出した学生は51名であった。次週になって2名が遅れて提出したが、分析対象から外して考えることにした。この51名の国籍の内訳は、日本7名、アジア28名、欧米・オセアニア16名で、女性は27名、男性は24名であった。日本人学生7名の海外経験を見ると、4名が交換留学の経験者で、残り3名は旅行などの短期の海外経験者であった。

(2) 実施前の選択式質問項目回答結果

本項では、質問紙Ｉの回答結果を基に、多文化クラスで人権教育を受ける前の学生が、人権に対してどのような意識を持っているのかについて、日本、アジア、欧米・オセアニアの地域の学生に分けて検討する。

1つ目は、「今までの人権の学習歴」について尋ねる項目である。

表4：参加者の人権学習歴

地域別	日本	アジア（日本以外）	欧米・オセアニア	全体
学習歴有	7人（100%）	26人（93%）	14人（88%）	47人（92%）

日本人学生は全員が「学習歴有」と回答し、全体では9割以上の学生が肯定的な回答をした（表4）。この設問には、学んだ内容について記述する欄を設けていたが、その内容は地域により差が見られた。日本人学生には「クラスや学校内の人権問題について学んだ」という記述が多く見られたが、留学生からは「世界の人権問題について学んだ」という記述が多く見られた。

2つ目は、人権のイメージについて尋ねた。12の選択肢（自由、平等、友愛、尊厳、自立、公正、共生、抑圧、格差、差別、暴力、その他）から、該当するものを複数回答で選ばせたところ、地域差は見られなかった。8割以上の学生が「自由」（回答率84.3%）と「平等」（回答率92.2%）を選び、逆に8割以上の学生が「抑圧」（非回答率96.1%）、「暴力」（非回答率100%）、「友愛」（非回答率80.4%）、「共生」（非回答率88.2%）を選ばなかった。

3つ目は、質問紙ⅠとⅡの共通項目として34問を設け、5段階尺度で回答を求めた。実施前の学生の人権意識について検討するため、回答を2段階（当てはまる、当てはまらない）に直して集計した。その結果、地域により回答に差が見られた項目と、そうでない項目に分かれた。表5は、地域差の見られた項目を示している。

表5：「当てはまる」と答えた比率

	質問の内容	日本	アジア	欧米・オセアニア	合計
質問1	「人権は誰にでも平等に保障されるべきである」	4人（57%）	22人（79%）	4人（25%）	30人（59%）
質問19	「人権は私には関係がない」	6人（86%）	24人（86%）	15人（94%）	45人（88%）
質問3	「NGOや国連の人権活動について説明ができる」	1人（14%）	20人（71%）	10人（63%）	31人（61%）
質問4	「『世界人権宣言』について説明ができる」	0人（0%）	13人（46%）	8人（50%）	21人（41%）
質問21	「いずれの国も難民を受け入れていくべきだ」	3人（43%）	23人（82%）	13人（81%）	39人（76%）

表5に示すように、質問1「人権は誰にでも平等に保障されるべきである」は、日本人学生の回答が「当てはまる」と「当てはまらない」に分かれたが、アジアの留学生の7割以上が「当てはまる」と答え、欧米・オセアニアの留学生の7割以上が「当てはまらない」と回答した。この設問で回答に地域差が見られた理由は、学生の所属する集団や社会の違いによるものではないかと考えられる。ここで、否定的な回答を選んだ学生は、人権が保障されていない個別具体的な事情を考えて、人権の保障と現実のギャップに批判的な見方をした結果ではないかと思われる。

また、欧米・オセアニアの留学生が、人権の個別具体的な側面を重視する傾向にあるとすれば、質問19「人権は私には関係がない」においても肯定的な回答になることが予想される。この項目は、「逆転項目」として集計したため、「当てはまる」と答えた回答が否定的な見解、つまり人権の実現可能性に肯定的であることになる。ここでは、全回答者の8割以上が賛成した。その中でも、欧米・オセアニアの留学生は9割以上が賛成しており、予想に反する結果となった。このことから、人権の保障は十分でないと考えながらも、人権の保障された社会を目指すべきであると考えていることが示唆された。

質問3「NGOや国連の人権活動について説明ができる」では、日本人学生の8割以上が「当てはまらない」と答えたのに対して、アジアと欧米・オセアニアの留学生は6割以上が「当てはまる」と回答している。同様に、質問4「『世界人権宣言』について説明ができる」では、日本人学生は全員「当てはまらない」と回答しており、本クラスの日本人学生が持つ世界の人権問題やNGOの活動に対する知識が、留学生と比べて少ないことが分かる。1つ目の問いでは、日本人学生の全員が、「学習歴有」と回答していたが、実際に学んだ内容はクラスや学校内の問題に限られており、世界とのつながりや世界の人権問題についてあまり考えたことがないと考える学生が多いことが示唆された。質問21「いずれの国も難民を受け入れていくべきだ」では、日本人学生の5割以上が「当てはまらない」と答えたのに対して、留学生は地域に関わらず8割以上が「当てはまる」と答えていた。これらの結果から、学校教育や所属する社会集団の違いにより、人権問題をとらえる見方や意識に違いがあることも分かった。

また回答結果から、欧米の学生は人権という概念について個別事情を重視する傾向があり、保障されていない現実に対して批判的な見解を持っていることが示唆された。他方、地域に関わらず、人権は自由と平等の実現を目指す概念であり、人権の保障を現実のものにしていく必要があると考えていることも分かった。

本科目では、多様なバックグランドを持つ学生が、共に人権の保障と実情を学び、意見を出し合って掘り下げた議論を展開しながら、実行可能な解決策を導き出すプロセスを通じて、人権への理解の深まりを目指す。人権をテーマに議論するときに大切なことは、課題に対して1つの答えを求めるのではなく、一人ひとりの意見を尊重して、異なる考え方があることを知ることである。そして、相互学習することで他者理解、他者尊重の気持ちを高め、人権の深い理解につなげていくことである。そのために、学生の多様性が生かされるような仕掛けを工夫する必要がある。

地域によって回答に違いが見られた項目を中心に検討した本節では、留学生はNGOや世界人権宣言、難民問題に対して知識・関心があると答える学生が多いが、日本人学生は人権について学んだことがあっても、世界の人権問題に対する意識が低い現状が示唆された。留学生と日本人学生に知識差がある中で、同じテキストを使って共に学ぶには、どのような注意が必要なのか。次節以降では、前章までの議論（オルポートの3条件と教育方法論）を教育現場に当てはめて実践しながら、その有効性を検討する。

(3) 実施前の記述式回答結果

第2章で挙げたように、多文化クラスで学生間の親密化を阻害する要因の1つに、言語の問題がある。筆者はこの問題の解決を図るため、1 (1) で述べたが、質問紙Ⅰの4で「クラスに言語面でハンディキャップのある学生がいる場合、あなたは何をしますか？」と尋ねて、学生に意見を求めた。この質問を設けた理由は、授業に参加する学生に相互支援についてどのような意見を持っているかを尋ね、その回答結果をクラス内で共有することで多文化クラスに参加する学生が言語の壁を乗り越えて積極的に授業に参加し、他の学生をサポートしながら互いに協力することを促すねらいがあったからである。この言語の壁は、本クラスにおいては、非英語圏の留学生や日本人学生が直面するものであり、他方、留学生は日常的に言語の壁を体験していることから、ここには留学生と日本人学生の両者に共通する課題がある。

回答は、4. ①選択式（1. 何もしない、2. 授業中近くに座り、補足説明をするなど助けようとする、3. 休み時間などに質問はないか話しかけてみる、4. その他）から選ぶものと、②その理由を記述するもの、を設けた。また、言語の問題とは別に、③には授業で学びたいことを自由に書く欄を設けた。

まず、①の集計結果を見てみると、「何もしない」を選んだ学生はいなかった。

表6：記述式4①の結果

記述式4①	日本人学生	アジアの留学生	欧米・オセアニアの留学生
何もしない	0	0	0
近くに座り、手助けする	1	11	6
休み時間に声をかける	6	14	2
その他	0	3	3
合計（人数）	7	28	16

「その他」を選んだアジアの留学生からは、「助けが必要であると直接相談があれば助けるが、自分から助けるのは失礼だと思う」、「自分が助けを必要としているが、できることがあれば助ける」などが記述されていた。欧米・オセアニアの留学生からは「助けることがあれば、手伝う」、「相手にコミュニケーションを取る能力があれば助ける」、「それは教員の責任だと思う」という意見が出されていた。選択肢の回答を選んだ理由についてカテゴリー分けすると、次のようになる。

表7：記述式4②の結果

記述式4②	日本人学生	アジアの留学生	欧米・オセアニアの留学生	合計
クラスメートを助けるのは当然のことだ	1	8	6	15
授業中は集中すべきだから休み時間	3	6		9
他者の邪魔になるから休み時間	1	6	1	8
役に立つことがあれば助ける	1	4	2	7
他者からも同じように手助けしてもらいたい		1	3	4
他者から希望があれば		2	1	3
他の言語で手助けしたい			1	1
コミュニケーションが取れるならば助ける			1	1
それは教師の役割だと思う			1	1
勉強会を作って学びあう		1		1
以前友人から手助けを経験したから	1			1

表7の結果から、留学生には「クラスメートを助けるのは当然」と考える傾向が強いことが読み取れる。ここには、留学生が日本での生活で言語のハンディキャップを体験していることが示唆されている。ただ、当然と考える裏には、アジアの留学生は「自身も英語が十分に理解できないため、役に立てるか分からないが、何かできることがあれば喜んでする」という意見であったのに対して、欧米の留学生は、「何か役に立つことがあれば」という意見であったという違いがあった。表7では、同じ理由に分類したが、そこにはアジアと欧米の留学生の間で異なるニュアンスが含まれていた。日本人学生からは「以前友人に助けてもらったことがある」という理由が挙げられており、自身が助けられた経験が他者を助けたいという気持ちにつながることが読み取れた。また、日本人学生やアジアの留学生に共通する意見として、授業中の手助けに否定的であることが挙げられる。その理由には「授業の邪魔になる」や「授業は集中して聞きたい」と記述されていた。その他、「勉強会を実施して、相互に助けた

い」という意見も出されていた。この点について、筆者は授業後に勉強できる場を設けて、学生の利用を呼び掛けた。学生からは、「この勉強会に参加することで、留学生と日本人学生の親密度が高まった」という声が聞かれている。開始当初は、教室を予約しても利用者が少なかったが、プレゼンテーションの準備になると、多くの学生が遅くまで残って話し合う様子が見られた。

以上の学生の回答結果から、欧米・オセアニアの留学生は、クラス内支援について、個人を尊重する傾向があり、積極的に助けることに否定的であるが、アジアの留学生は自らも言語のハンディキャップを感じていることから、役に立つことがあれば喜んでするという立場にあることが分かった。また、地域に関わらず、自身が他者から助けられた経験を持つことで、今度は他者を助けたいという気持ちにつながることが示唆された。特に地域によって「言語支援」に対する考え方に違いがあることについて、2回目の授業でクラス目標を設定する際に、筆者の方から回答結果を紹介しながら説明することで、1つの文化の差を理解することにつながった。例えば欧米・オセアニアの留学生に助けを求める場合には、自ら尋ねる必要があることに気付くことができた。

また、コースの中で学びたい内容を記述する欄では、記述量は学生によって異なっていたが、1～14行と多くはなく、「世界の人権と自国の人権を比べたい」、「人権について学んだことがないので、基礎から学びたい」、「NGOについて知りたい」、「女性の権利について学びたい」など、様々な意見が出されていた。これらの記述から、参加学生の興味関心が多様であることも分かった。

このように授業の初回で質問紙Ⅰを実施することで、参加学生のバックグラウンドや考え方を把握することができた。質問紙に記述された意見を2回目以降の学習計画やクラス運営に反映させながら授業を進めた。次節では、筆者が学生との対話を重視しながらクラス運営を行った様子を紹介する。

第2節　学生と教員が共に築くクラス運営

本節では、2～11回目の授業の後に学生が記入したコメントシートの回答を基に、本実践の参加学生の様子を紹介する。

1　2・3回目の授業経過

2回目と3回目の授業後のコメントシート（参考資料6-1を参照）では、質問項目の中にオルポートの3条件と「対話」について尋ねる内容を盛り込み、回答は選択式と記述式とした。表8は選択式部分の回答の平均値（標準偏差）を示している（1「全く当てはまらない」～5「とても当てはまる」で集計）。

表8：2回目、3回目の授業でのコメントシートの結果

質問項目	1. 対等な関係	2. 共通の目的	3. 組織的な支援	4. 対話
2回目（参加者37名）	3.8（0.9）	4.4（0.7）	4.3（0.9）	4.2（0.8）
3回目（参加者38名）	4.1（0.8）	4.2（0.7）	4.4（0.7）	4.2（0.7）

自由記述欄には、「もっと多くの学生が発言し、参加すべきだ（一部に偏った）」、「日本人学生の意見を聞きたい」、「グループ・ディスカッションの時間が短い」などの意見が出されていた。筆者はこれらの意見を次週の授業で学生のフィードバックしながら、自らの授業改善にも役立てた。

3回目の授業では、学生同士が徐々に仲良くなり、クラスメートとの仲間意識を高め、親密度が高まっていく様子が観察された。

2　4～7回目の授業経過

コメントシートは毎回同じ質問をするのではなく（繰り返し同じものを用いると学生が質問項目を読まなくたるため）、適宜変更した。4回目の授業から7回目までは、同じ項目を使用した（参考資料6-2）。ここでは、クラス目標を達成するために必要な要素という観点から質問を設定した。そして、自身を評価するだけでなく、クラス全体の参加度や発言の数についても振り返りをさせた。表9は、回答の平均値(標準偏差)を示している(1「全く当てはまらない」〜5「とても当てはまる」で集計)。

表9：4回目〜7回目の授業でのコメントシートの結果

質問項目	1. クラス参加(自己)	2. 発言(自己)	3. クラス内支援	4. 参加(全体)	5. 発言(全体)
4回目	4.1 (0.7)	4.2 (0.5)	3.6 (1.0)	4.0 (0.7)	4.0 (0.7)
5回目	4.0 (0.8)	4.2 (0.5)	3.5 (1.0)	3.8 (0.9)	3.8 (0.8)
6回目	**4.3 (0.6)**	**4.4 (0.7)**	**3.9 (0.8)**	**4.3 (0.7)**	**4.2 (0.7)**
7回目	4.1 (0.8)	4.2 (0.6)	3.7 (0.9)	4.0 (0.6)	4.0 (0.6)

表9から、6回目(この時は「女性の権利」を取り上げた)の授業の回答結果が全項目で一番高くなっていることが分かる。つまり、多くの学生が5「とても当てはまる」を選んだことになる。それまでの回は「クラス内支援」の項目で、1「全く当てはまらない」を選択し、「クラスの中でいつも助けられてばかりいる」とコメントしていた日本人男性が、6回目の授業では5「とても当てはまる」を選び、「日本社会の女性進出の実態についてクラスメートに説明ができた」と記述していた。

6回目の授業の進め方については、他の回と同じく、課題のリーディング部分を説明しながら知識習得を図った後、日本の女性に関する意識調査結果を配り、その資料を基に問題点を考える時間を持った。また、世界の国々の状況を比較している参考資料を配布し、それらを参照しながら、国による女性に対する意識の違いについて各学生の出身国を振り返り、グループで意見交換をしてもらった。授業後半のアクティビティでは、ドメスティック・バイオレンス(DV)の事例を挙げて、グループ・ディスカッションする時間を設けた。

この回の授業は、他の回と進め方に大きな違いはなかったが、他の回と比べて、授業の進め方がスムーズであったように思われる。具体的には、まず世界の男女平等問題や、日本社会での事情を知識として学ぶ時間を設けた。その後、家庭内で起こりうるDVの問題を取り上げ、各自が当事者となって考える機会を設けた。このことで、世界から国内へ、さらに個別事例へと議論を深めていくことができた。また、学生にとって「女性の権利」というトピックが興味深いものであったため、参加度が高まっただけでなく、相互支援の面でもプラスの効果が得られたのではないかと示唆される。

4～7回目の自由記述部分を見てみると、クラス運営について次のような意見が出されていた。

「グループの人数が少ない方が話しやすい。」
「ビデオなどを活用してはどうか。」
「先生がグループ分けの番号札を準備してくれたので、新しいメンバーと知り合いになれた。」

3つ目のコメントは、その前の授業で同じ学生から「自由にグループを組むと、いつも同じメンバーになってしまう」との記述があったことを受けて、筆者の方で番号札を用いてグループ分けを行ったことに対する意見である。これは一例であるが、筆者が学生の意見を反映させながら教育実践を行うことで、学生とコメントシートを通じて対話することができ、学生の授業に対する満足度が高まった。このことは、教員と学生の間に信頼関係を構築することにもつながったと考える。同時に、筆者もクラス運営の面で気づかなかった点について、コメントシートを通じて、学生から意見を聞くことができ、授業内容の変更や改善に役立てた。

また、学生自らの反省として、

「今日は自分が話しすぎた。」
「みんなに話してもらいたかったが、話さない人がいた。」
「今日のトピックはとても面白かった。自分のグループでは、みんなが意見を述べられるよう、まずはグループのメンバーが一通り意見を述べた後、議論を深めていった。」
「今日はあんまり発言できなかったので、次回はもっと頑張りたい。」
「一生懸命準備をして自分の意見を述べようと思ったが、やはり英語のハンディキャップがあって意見を述べられなかった。グループのメンバーの意見も真剣に聞いたが、理解するのが難しかった。」

といった記述も出されていた。

以上のように、コメントシートは学生にとって授業の振り返りの機会となるだけでなく、クラス目標を対しての参加者の意識を喚起するきっかけともなり、効果的であった。また、先にも述べたように、学生と教員の間の対話の手段としても有効であった。ここで注意すべきは、学生の恣意的な記述をすべて聞き入れるわけではないことである。特に学習内容に関わる部分については、学生からの意見も慎重に検討する必要があり、学生の学びと教育の質を保証するために、教育的な指導が必要となる場合もある。

3　8回目の授業経過

8回目の授業は、財団法人ユニセフ協会からゲストスピーカー3名を招き、ワークショップを実施した。ワークショップは、視聴覚教材を取り入れながら、学生参加型で進められ、ゲストスピーカーからクイズの回答者に景品が渡されるなど、学生も新鮮な気持ちで積極的に参加する様子が観察された。トピックは「子供の権利」で、その中でも特に「国連の児童の権利条約」が取り上げられた。授業後にフィードバックシートを用いて学生に振り返りをしてもらった（参考資料6-3、回答は、1「はい」2「いいえ」とした）ところ、選択式の質問では、全員が「楽しかった」、「また参加したい」と回答した。新たな発見があったかという質問に対しては、平均1.1（標準偏差0.3）となり、「いいえ」と答えた学生も若干いたが、理由欄に記述がなかったため詳細については把握できていない。いつも以上に参加できたかという質問では、平均1.5（標準偏差0.5）となり、「いつもと同様に参加した」などの意見が記述されていた。自分の意見を述べたかについては、平均1.1（標準偏差0.3）となった。自由記

述式のコメントの中では、

「今回のようなワークショップにもっと参加したい。」
「とっても刺激的な機会となった。」
「今までボランティア活動に興味を持っていたので勉強になった。」
「ユニセフについて知ってはいたが、実際に話を聞くことができて、詳しく知ることができた。」
「ゲストの一人が大学生だったので、親近感を持った。」
「自分もボランティアに参加したい。」
「今日のトピックは面白かった。いつも以上に参加できたと思う。」

などが出されていた。授業終了後は、6名の留学生が残り、積極的にゲストに質問した。主な質問は、ユニセフでのインターンやボランティア、自国のユニセフの活動についてなどであった。ユニセフのゲストからは、これまでにも全国各地でワークショップを実施してきたが、本クラスの学生は特に積極的であったと聞いた。

4　9～11回目の授業経過

9～11回目の授業では、筆者への授業評価について尋ねた（参考資料6-4）。このコメントシートは、竹安（1998）がアメリカのオハイオ州立大学でリレー講義の時に使用した学生評価を参考に作成した（竹安　1998、132頁）。竹安は、「アメリカでは学生が教員を評価する機会を持つことが必要であると考えられており、教員は日本の大学よりも大きなプレッシャーを感じている」（竹安　1998、132頁）と述べている。ただ、竹安は学生評価シートを用いて学生に回答を求めているが、実際に回答の分析は行っていない。本書では、竹安の学生評価シートを参考に質問項目を設定して、それらを集計することにした。表10は、選択部分の回答の平均値（標準偏差）を示している（1「全く当てはまらない」～5「とても当てはまる」で集計）。

表10：9回目〜11回目の授業でのコメントシートの結果

質問項目	1.講義の流れ	2.明確さ	3.内容	4.議論の機会	5.配布資料
9回目	4.3 (0.6)	4.2 (0.6)	4.1 (0.5)	4.4 (0.5)	4.2 (0.7)
10回目	4.3 (0.5)	4.2 (0.5)	4.1 (0.6)	4.3 (0.6)	4.4 (0.6)
11回目	4.2 (0.6)	4.2 (0.6)	4.1 (0.6)	4.2 (0.7)	4.3 (0.6)

表10を見てみると、いずれの回も授業に対する満足度が高く、9回〜11回の間で、回答に変化はなかった。自由コメント欄にもほとんど記述が見られなかった。12回目以降は学生のプレゼンテーションの時間にあてたため、コメントシートは用いず、発表を聞く学生に発表者に対する「ピア・レビューシート」の記入を求めた(「ピア・レビューシート」については、参考資料2と同様のものを使用)。

繰り返しになるが、コメントシートは一人ひとりの学生に振り返りの機会を与えるだけでなく、民主的なクラス運営をするうえでも重要であり、さらに、教員を評価する手段としても活用できることが分かった。強調しておきたいのは、初回の授業で質問紙Ｉを用いて学生に言語の問題について意見を尋ね、その回答を基に相互支援をクラス目標に設定し、毎回学生と教員がクラスを振り返って対話することが有効であったことである。このように、まずは参加学生が直面する共通課題に、クラス全体で取り組む場合、1回の授業では目標が達成されなくても、15回という一連の授業で教員と学生が協働でクラスを築いていく中で、教員と学生間に、さらに学生同士の間に、関係性が築かれていくことが確認された。

次節では、このように築いていったクラスの参加学生の、コース終了後に、人権意識に変化があったのかについて、質問紙ⅠとⅡの結果を比較しながら分析する。

第3節　多文化クラスで人権教育を実施する意義と効果

本節では、初回から最終回まで継続的に授業に参加した学生に、人権に対する意識変化が見られたかを確認するため、質問紙ＩとⅡで回答した結果を比較・分析しながら、多文化クラスにおける人権教育の学習効果を検討する。授業登録者数は全部で38名であったが、その内、1名は質問紙IIの実施日に欠席、2名は質問紙Iに未回答であったため、分析対象から外した。よってここでの研究対象は35名で、内訳は表11のようになった。国籍は、日本7名、中国10名、韓国4名、台湾1名、タイ2名、インドネシア2名、アメリカ3名、カナダ2名、フランス2名、デンマーク1名、ポルトガル1名であった。

表11：調査対象者の内訳

地域別	男性	女性	学部生	院生	文系	理系	合計
日本	3	4	6	1	3	4	7
アジア（日本以外）	9	10	18	1	9	10	19
ヨーロッパ	1	3	3	1	3	1	4
北米	1	4	5	0	4	1	5
合計	14	21	32	3	19	16	35

1　質問紙調査結果の分析

表12に示すように、一致率が全34問中13問において50%を超えたことから、授業を通して約3分の1の項目で、あまり変化が見られなかったことが分かった。それらの項目を見てみると、人権の普遍性に関わる質問や人の価値観や考え方に関わるものが中心であった。また、フィッシャーの正確確率検定から、全34問中12問に有意差（検定値P < 0.05）が認められ、約3分の1の項目で2回の回答結果に変化が見られた。顕著な有意差が認められたのは、3と4の知識に関する項目である。本書は、多様なバックグラウンドを持つ学生が共に学ぶことで人権意識に見られる変化を考察するため、特に人権感覚や人権に対する意識について尋ねた項目を中心に考察する。

男女別に有意差の認められた項目を見てみると、男性は34問中10問、女性は7問となっており、男性の方が多くの項目において有意差が認められた。また、入学前から日本で生活しており、正規生としてA大学に在籍している学生を「日本人学生」とし、海外から来日してA大学に入学し、学部や大学院に所属する学生を「正規留学生」、協定校から短期間（6か月～1年間）、A大学に来日している学生を「交換留学生」として集計した結果、交換留学生は34問中5問、正規留学生は3問、日本人学生は2問において有意差が認められたが、いずれもその数は少なかった。

最後に、P値が1となった項目（2回の回答結果に変化が見られなかった）を見てみると、全34問中3問となり、男女別、留学形態別に見ても1となっていることが分かった。項目13「価値観が違う人と話し合うことで、新たな発見が生まれる」と項目14「私は他者と共にプロジェクトに取り組むことが好きだ」は、価値観の違う人たちと共に学ぶことについて意見を尋ねるものと、他者と共に学ぶ意識がどの程度あるかを尋ねるものである。これらの項目の回答結果は、実施前から肯定であったことが確認された。同じくP値が1となった項目16「『平和や正義』という言葉は、自分とは関係がない」は、普遍的な概念に対して、各自の考え方を尋ねるものである。これは逆転項目としているが、実施前から「平和や正義」と自分の関係を肯定的に捉える傾向が強く、2名だけが否定的な回答をしていたが、実施後は1名が否定的な回答を選択した。

表12：選択式項目の2回の回答結果

質問項目	一致率	P値（クラス全体）	N	P値（男性）	N	P値（女性）	N	P値（交換留学生）	N	P値（正規留学生）	N	P値（日本人学生）	N
1	51.4		35		18		17		17		11		7
2	34		35		18	***	17		17		11		7
3	11.4	***	35	***	18	***	17	***	17	***	11	**	7
4	12.1	***	35	***	18	***	17	***	17	***	11	***	7
5	26.5	*	35	*	18		17		17		11		7
6	42.9		35		18		17		17		11		7
7	62		35		18		17		17		11		7
8	34.3		35		18		17		17		11		7
9	60		35		18		17		17		11		7
10	54.3		35		18		17		17		11		7
11	47	***	35	*	18	*	17		17		11		7
12	40		35		18		17		17		11		7
13	74.3		35		18		17		17		11		7
14	54.3		35		18		17		17		11		7
15	30.3	*	35		18		17		17		11		7
16	66		35		18		17		17		11		7
17	34		35		18		17	**	17		11		7
18	53	*	35	*	18		17		17		11		7
19	25		35		18		17		17		11		7
20	23	***	35		18	**	17		17	*	11		7
21	43	*	35	*	18		17		17		11		7
22	37.1	***	35	***	18		17	**	17		11		7
23	37.1	***	35		18	*	17	*	17		11		7
24	60		35		18		17		17		11		7
25	49		35		18	*	17		17		11		7
26	48		35		18		17		17		11		7
27	42.9		35		18		17		17		11		7
28	43	*	35		18		17		17		11		7
29	54		35	*	18		17		17		11		7
30	46		35		18		17		17		11		7
31	54		35		18		17		17		11		7
32	63		35		18		17		17		11		7
33	54		35		18		17		17		11		7
34	49	***	35		18		17	*	17		11		7

（＊は$p < 0.05$、＊＊は$p < 0.01$、＊＊＊は$p < 0.001$である）

次節からは、有意差が認められなかった項目、有意差が認められた項目、授業により変化しなかった項目（実施前と後でほとんど変化しなかった）の中から、特徴的な回答が得られたものを取り上げて、多文化クラスで人権教育を実践する意義と効果について議論を深める。ここでは、回答を「肯定、中立、否定」の3段階に直して紹介する。

2　有意差が認められなかった項目

項目2「人権には優先順位が存在する」は、人権の普遍性を問うものである。ここでは、一致率が34%、フィッシャーの正確確率検定値（P）は0.14となり、有意差は認められなかった。本項目は逆転項目としたため、肯定回答が人権の普遍性を支持するものである。表13に示すように、実施前は賛成、否定回答に分かれたが、実施後は否定回答が増えている。

本章第1節2の授業概要でも述べたが、授業では世界人権宣言について学んだ後、全30条の中でいずれの権利が優位であるのかについて考え、グループで順位付けをして、その理由を発表するという「ダイヤモンドランキング」を取り入れた。その中で、全ての権利が相互に関連しており、いずれの権利も同様に必要であり、順位付けすることが難しいという結論に至った。実施後の本項目の回答は「優先順位が存在しない」となることを期待していた。しかしながら、ここで期待通りの結果とならなかったのは、後半に取り入れたプレゼンテーションが原因とみられる。プレゼンテーションでは、身近な人権問題に対してアクション・プランを立てることを課題とし、世界人権宣言を参照しながら発表内容を話し合った。その中で、自分たちにとって身近で切実な人権問題が焦点化され、何とかして身近な人権問題を解決したいという気持ちが高められた。この活動を通じて、自らに関係する人権問題を第1に考え、それを解決する方法について考えた結果、授業の実施後に「優先順位が存在する」という回答が増えたのではないかと考えられる。

このことは、授業の中で「人権」を抽象的に議論するのではなく、多様なバックグラウンドの学生が具体的に人権に関する問題を取り上げて、互いに意見を出し合うことで、より掘り下げた議論に発展し、人権の実態が対象化、具体化され、メタ認知が働いて否定的になったと解釈することができる。本来実施後に期待していた回答とは異なったが、メタ認知の深化という点で1つの学習効果といえよう。

表13：人権には優先順位が存在する

項目2		実施後			
		当てはまる	どちらとも言えない	当てはまらない	合計
実施前	当てはまる	3	4	7	14
	どちらとも言えない	1	1	5	7
	当てはまらない	2	0	12	14
	合計	6	5	24	35

3　有意差が認められた項目

項目21「いずれの国も難民を受け入れていくべきだ」では、一致率が43%、P値は0.02となり有意差が認められた。この項目は、考え方を尋ねるものである。回答結果を見てみると、実施前は肯定と否定に回答が分かれていた。特に日本人学生は否定回答を選ぶ傾向が見られた。このことは、日本人学生の難民問題に対する意識の低さを示しているが、実施後は、賛成や中立回答が増えていることから、授業効果による変化と捉えることができる。

表14：いずれの国も難民を受け入れていくべきだ

項目21		実施後			
		当てはまる	どちらとも言えない	当てはまらない	合計
実施前	当てはまる	9	2	0	11
	どちらとも言えない	5	9	0	14
	当てはまらない	3	6	1	10
	合計	17	17	1	35

また、項目23「自分の意見をはっきり主張できる」は、授業中の仕掛けに関わる項目である。ここでは一致率が37.1%、P値は0.002となり、有意差が認められた。この項目は、自らが考えて判断し表現する力について自己評価させるものである。表15に示すように、実施前から肯定回答を選んだ学生が22名で、中立回答は10名、否定回答は3名であった。実施後は肯定回答が5名増え、否定回答はなかった。この結果から、

本コースを通じて自己を主張する技能が高められたと自己評価していることが確認できる。

表 15：自分の意見をはっきり主張できる

項目23		実施後			
		当てはまる	どちらとも言えない	当てはまらない	合計
実施前	当てはまる	22	0	0	22
	どちらとも言えない	3	7	0	10
	当てはまらない	2	1	0	3
	合計	27	8	0	35

4　授業により変化しなかった項目

項目13「価値観が違う人と話すことで、新たな発見が生まれる」は、全34問の中でも一致率が最も高くなり74.3%となった。P値は1となり、2回の回答結果に変化が見られなかった。この項目は、多様なバックグラウンドを持つ学生と共に学ぶことについて意見を尋ねるものである。回答結果を見ると、実施前から34名の学生が肯定回答をしていたことから、本コースを自主的に受講する学生は、異なる言語や文化背景を持つ他者と共に学ぶことに興味・関心があったこと、また実施後も変化しなかったことが分かる。見方を変えると、実施後も肯定回答を維持し続けることができた理由は、授業に参加した学生が他者と意見交換することで新たな発見が得られたと実感している結果ではないかと考えられる。つまり、クラス内の議論の中で矛盾や葛藤を覚え、それを乗り越えて、新たな気づきを得ることができたことになる。同時に、受講前に持っていた考え方が受講後も変化しなかったのは、授業への興味・関心を維持できたためと考えられる。これは、学習環境を整え、対話を取り入れながら授業を行ったことに加えて、学習テーマとして「人権」を取り上げたことの効果ではないだろうか。

表16：価値観が違う人と話すことで、新たな発見が生まれる

項目13		実施後			
		当てはまる	どちらとも言えない	当てはまらない	合計
実施前	当てはまる	34	0	0	34
	どちらとも言えない	1	0	0	1
	当てはまらない	0	0	0	0
	合計	35	0	0	35

5　選択式質問項目の分析から得られた知見

本項では全34問の回答変化について、筆者の教育実践上の工夫点を紹介しながら考察する。

(1) 有意差が認められなかった項目

全34問中19問に有意差が認められなかった。授業後に用いたコメントシートから具体例を挙げれば、ダイヤモンドランキングを通じて、ある日本人学生が自分たちには当たり前のように保障されている投票権が、クラスメートの国では保障されていない現実を知り、他者の人権を守ることや行動に移すことの大切さに気付いたという記述が見られた。この学生は、実施後の質問紙で、「人権に優先順位が存在する」という回答を選んでいた。有意差が認められなかった点においては、質問紙の意図とは反していたが、学習効果という観点からは、授業の中でまだ保障されていない人権について理解を深め、人権の実態に対するメタ認知の深化が図られた結果ではないかが示唆された。

(2) 有意差が認められた項目

全34問中12問で有意差が認められ、「知識、価値/態度、技能、行動力」の全ての側面で肯定的な変化を確認することができた。クラス内で学生の多様性が生かされた例としては、3でも紹介した難民問題に関する意識の向上が挙げられる。授業では、「もしあなたが難民として他国に行かなければならない状況に直面したら、どうするか」と問いかけて、グループで議論する時間を設けた。授業に参加するまでは、難民について問題意識の低かった日本人学生も、留学生から自国の難民状況について話を聞くことで、関心を高めることができた。日本人学生だけのクラスで難民問題を取り上げれば、視聴覚教材やアクティビティを通じて、難民の語りやニュースを聞く機会を設け、教員が学生に知識を教えることになる。他方、多文化クラスではクラスメートが自国の様子を他者に語ることで、それまで難民問題について考えたことのなかった学生も他者の経験を聞きながら、身近な問題であると気付き、問題意識を高めることができた。また、語り手となった留学生は相手に分かりやすく伝えようと工夫することで、自らの経験や知識を対象化、具体化することができた。このことは、メタ認知が深化されたと捉えることができる。つまり、多文化クラスの中で人権をテーマに取り上げることで得られた効果と言えよう。

もう1つ別の例を挙げると、多様性の中から共通性への気付きが得られたものとして、項目11「人はみな異なっているが、共通する点もある」がある。ここでは、実施前に、否定や中立回答が見られていたが、実施後は全員が肯定回答に変化した。多文化クラスで学ぶことによって、体験を通じて互いに共通性への気づきが得られた結果ではないかと考える。

態度・技能面では言語のハンディキャップのため、なかなか発言できない学生に配慮する必要がある。筆者はクラス内で様々な仕掛けを用意し、その効果を確認した。工夫点の1つは、授業前の課題（リーディングとワークシートの配布）を用意したことである。また、事前にディスカッションする内容について、リーディングを通じて基礎知識を得てから参加すること、また自らの意見をワークシートにまとめてくることを課題として、授業中は事前に準備したワークシートを基に意見交換を行った。授業では、小グループ（1グループ4～5名程度）でのディスカッションを多く取り入れて、誰もが発言しやすい環境作りに努めた。全体ディスカッションでは、発言の少ない学生を指名して意見を求めることもあったが、発言の強制はしないことをルールとし、発言のパスも認めた。実際には多くの学生から「指名されることで発言ができた」との意見が寄せられた。授業後は、フォローアップの勉強会を開催し、サポートの必要な学生に支援をしたり、個別に議論したりして、筆者は学生と対話する機会を持った。また、この勉強会は学生が共に学ぶ場として有効に活用された。特に、プレゼンテーションの前になると、多くの学生が残って準備する様子が見られた。

行動面では、授業の後半で取り入れたプレゼンテーションが効果的であった。例を挙げれば、「教育の権利」をテーマに指導方法の在り方について問題提起したグループは、自分たちが学校教育で受けた教師の一方的な授業スタイルに不満があると感じて、アクション・プランを計画した。具体的には、教育の権利を保障するために教員はどのような指導をするべきかについてグループで話し合い、学生の立場から、もっとも適当だと考える方法を提案した。このグループは、プレゼンテーションの準備段階で、学生だけで意見交換したいと筆者に相談があり、筆者は10分間教室を離れて、議論する時間を作った。その間、このグループは他の学生にアンケートを配って意見を尋ねたようだ。プレゼンテーションでは、それらの意見を集計して意見をまとめ、ドラマを使った授業、ディベート、ブレインストーミング手法を使った方法などで、学生が主体的に参加するために適切な方法をいくつか提案した。最後には学生が主体的に学ぶことが、世界人権宣言の教育権や、子どもの権利条約の子供の最善の利益や発言権を現実化するうえで一番重要であり、そのような教育方法論を考える必要があるとまとめた。このグループの発表は、参加学生のアンケート結果を踏まえたものであり、身近なテーマでもあったことから、発表を聞く学生も興味を持って真剣に参加する姿勢が見られた。

ここで考えておきたいのは、このグループが「教育の権利」をテーマに、プレゼンテーションしたことである。第4章で筆者が実践したクラスでも、「教育」をテーマとしていたが、そこではユネスコの政策や国の教育体制を中心に取り上げたため、プレゼンテーションでは、教育を受ける学生が、自国の教育事情を振り返って議論することに始終し、当事者意識に欠ける点も見られた。だが、本グループの発表は、メンバーの一人ひとりが、自らの教育を受ける権利をよりよい形で実現するために、どのような方法がありうるのかについて、当事者となって考え、クラスメートにアンケートしたことで、参加者全員が共に考える機会となり、内容にも具体性が見られた。このグループの発表から、たとえ「教育」という同じ切り口で議論を始めたとしても、人権という視点で考えれば、主体が「私たち」となり、当事者意識が高められることを確認できた。

その他のグループもプレゼンテーションを通じて、各自が準備段階において他者と共に1つの発表をする難しさを体験した。それまで、人権は自分には関係ない、他人事であると考えていた学生も、アクション・プランを考える中で、自分も当事者であることに気づき、身近な人権問題に対して、自らにできることはないかを具体的に考えて、行動に移す計画を立てた。そして、グループで話し合う中で、身近な社会を変えていこうという意識を高めることができた。このような体験を通じて、一人だけでは問題が解決できなくても、他者と共に解決すれば可能性が高まることを実感した。つまり、人権には多様なバックグラウンドの学生にとって議論を始める切り口を与えるだけでなく、そこから問題を明らかにして解決策を考えていく学習プロセスを通じて、他者と共に自らの立場でできることを考え、社会を変革する力を育成するポテンシャルがあると考える。

(3) 授業により変化しなかった項目

全34項目中3問は授業により変化しなかった。例えば項目16『「平和や正義」という言葉は、自分とは関係がない』に対して、大きな変化が見られなかったように、人の価値観や考え方、人権の普遍的な概念に対する捉え方は、多様なバックグラウンドの学生が集まるクラスで「人権」をテーマに多面的・多角的に議論したとしても、必ずしも変化するものではないことが示唆された。

他方、徐々に意識の変化が見られた学生もいたので紹介したい。具体例として、「人権は大切であるが人権が保障されていない実態に対して、一個人の努力ではどうにもならない」と主張し続ける西欧の留学生がいた。この学生は、グループ活動において自らの意見は述べるが、他者の意見を聞こうとせず、参加態度も積極的ではなかった。筆者は、授業中と授業後、この学生と個別に議論する機会を設け、何もできないとあきらめるのではなく、自分にできることはないかを考える姿勢が大切で、小さな働きかけが社会を変える力につながることを伝えた。その結果、この学生は15回のすべての授業に欠かさず出席し、多様な学生と意見交換する中で、少しずつではあるが、前向きに参加するようになった。最終回の授業では筆者のところに来て、「これからは人権の実現に向けて自分も行動に移していきたい」と述べるところまで変わっていった。教員からの働きかけだけでは十分でなくても、授業の中でクラスメートと共に学び、自らが聴き手と語り手となって人権問題について掘り下げて議論する中で、人権に対する考え方が変わり、人権の実現に向けて自らができることから実行に移そうと意識が変化していったと考える。

以上のように、多文化クラスで人権教育を実施することで、人権の「知識、価値/態度、技能、行動力」の各側面において、肯定的な学習効果を得ることができた。その中で、教員が重要な役割を担っていることも分かった。本実践では、クラス内の議論から口論になる場面は見られなかったが、筆者は常に消極的な学生に声をかけて発言を促し、小グループでの活動を取り入れたり、課題を出したり、勉強会で個別にサポートを行ったりした。また、クラス内では、発言に対して他者から批判的な意見が出て自信を失うことがないように、まず初回の授業で学生にグループで互いに守るべきルールを考えさせた。参加学生自らが守るべきクラス内でのルール（きまり）を考えることで、人から与えられたルールを守らされるという受け身の姿勢ではなく、「自らが決めたことであるから守る」という意識を持たせることが可能になる。

このように、一人ひとりがクラス内のルールを守って行動することは、人権教育実践の基本となる。ここでは、いずれのグループにも共通して、「他者の意見を傾聴する、他者と協力する、自分の意見を述べる」などのルールが出された。人権には、センシティブな問題も多く含まれるため、人によっては語りたくない場合もある。このようなケースも想定して、筆者はグループで考えたルール発表の後、人権教育の実践に欠かせない点として次の3つを追加した。それは、①クラスで出された発言はクラス内にとどめること、②クラスの中で学んだことは外で行動に移していくこと、③自らについて語りたくない場合は、身近な他者について語ってもよいこと、の3つである。これらを実行させることで、クラスの中で自身について語ることへの抵抗が減るだけでなく、他者を思いやる気持ちが生まれる。もちろん、追加にあたっては、クラスの中で異議がないことを確認している。このように、人権教育の実践には、まず参加学生にルール(共通規範)を考えさせて、互いに理解したうえで、実行に移させることが大切である。

以上のクラスルーム・ルールに加えて、本クラスではクラス目標を設定して、言語の壁を乗り越えられるよう、相互支援を呼びかけ、毎回コメントシートを用いて振り返りをさせた。これらの働きかけが、多様なバックグラウンドの学生が共に学ぶ中で直面する矛盾や葛藤を超克する力につながったと考えられる。同時に、人権が身近な問題であることに気付くことにもつながった。また、一人だけでは問題解決が難しいと思っていたが、クラスメートと共に問題について考えて解決策を考えていく中で、他者に対する共感が生まれ、人権の実現に向けて、自らができることを行動に移していこうという意識が高められた。このような取り組みこそが「生きた人権教育」の実践であり、クラス内に多文化共生を築く効果につながるものである。

6　記述式回答結果の考察

次に、質問紙Ⅱの記述欄に学生が記述した回答を分析したい。

(1) 多文化クラスで人権を学ぶ効果

まず、「授業をふりかえって、各自の『知識、価値/態度、技能、行動力』の変化について具体的に記述してください」と尋ねた。ここでの知識に関する回答は、授業で学んだ世界人権宣言の内容を中心とした記述が多く見られた。本項では、知識以外の「価値/態度、技能、行動力」について、学生がどのような点を記述していたのかを紹介する。

筆者は、複数の研究仲間と話し合いながら、全35名の学生の回答を分類し、図5のようにまとめた。回答者は35名（日本人学生7名、正規留学生11名、交換留学生17名）であったが、記述数が合計68となっているのは、複数記述があったことによる。グラフ中の分類（A～G）は以下のような内容である。

A「自分の意見を述べることができるようになった。」
B「答えは1つでないことを知り、他者の意見を聞き、異なる考え方も受け入れられるようになった。」
C「他者と共に学ぶことで他者に対する偏見が逓減された。」
D「異なるバックグラウンドの学生と共に学ぶことの大切さに気付いた。また、互いに共通点も発見した。」
E「人権を身近に捉えられるようになり、自分にできることから行動に移していきたいと思うようになった。」
F「自分の国の人権問題について意識するようになった。」
G「部落問題、インドのカースト制度、女性問題などの個別具体的な人権問題について深く考え、解決策について分析的に捉える力が身に着いた。」

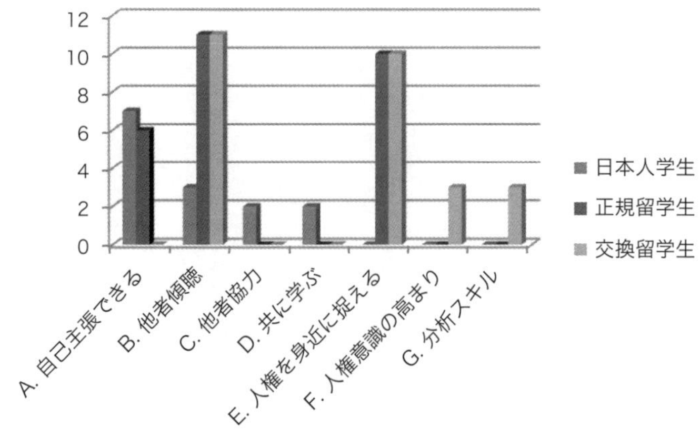

図5：人権教育の効果

図5から、日本人学生の回答には、1. 自己主張、2. 他者傾聴、3. 他者協力・他者と共に学ぶ、という、自他の関係性に着目した意見が多かったことが分かる。他方、正規留学生と交換留学生の回答には、1. 他者傾聴、2. 人権を身近なものと捉える姿勢、が挙げられていることが分かった。これらから、日本人学生と留学生の回答には重なる部分と異なる部分が見られたが、参加者全員で考えると、自己、他者、社会、の3つの領域において、人権教育の効果が得られたことが分かる。

(2) 多文化クラスで人権教育を実践する意義

次に、「多文化クラスで人権について学ぶことは、意義があると思いますか。本クラスで学んだことを振り返って、あなたの意見を具体的に記述してください」と尋ねた。ここでは、まず35名全員が人権は効果的なテーマであると回答していた。その理由について1つ目と同様の方法で分類したところ、図6のようになった。ここでも、回答者35名に対して、複数記述が見られたことから、記述数は合計38となった。グラフ中の分類（H ～ L）は以下のような内容である。

H「異なるバックグラウンドの学生と共に学ぶことで、自分の文化や物事の見方を捉え直し、自文化の変容が起こる。」

I「バックグラウンドが多様であっても、人間としての共通性があることに気付くことができる。」

J「多文化クラスで人権を学ぶことで、人権の普遍的な側面と個別的な側面の理解が深まる。」

K「多文化クラスで人権教育を受けることが、クラス内で人権を共通規範に実践することであり、人権の実現に向けたアクションの1つである。」

L「多様なバックグラウンドの学生と共に議論することで、相手の立場を考えて自分の意見を述べられるようになり、相手に対する思いやりの気持ちが生まれる。」

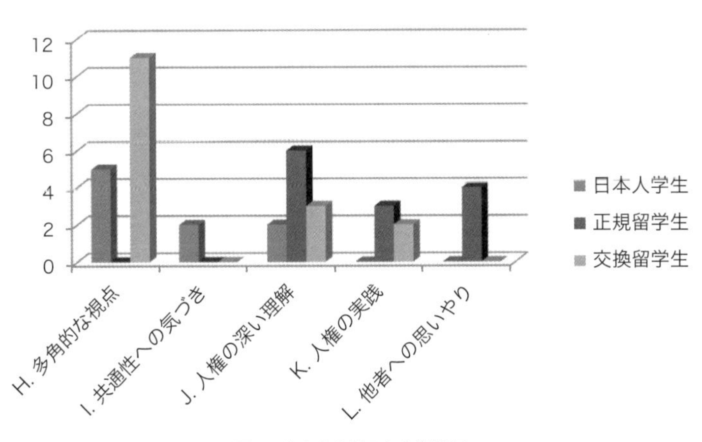

図6：多文化クラスと人権教育

図6から、日本人学生と留学生の記述内容に重なりや違いが見られたことが分かる。日本人学生は、1. 多角的な視点、2. 共通性への気づき、3. 人権の深い理解、といった点を挙げていた。正規留学生は、1. 人権の深い理解、2. 他者への思いやり、3. 人権の実践、という点を挙げていた。交

換留学生は、1. 多角的な視点、2. 人権の深い理解、3. 人権の実践、を挙げていた。これらの回答から、学生によって人権教育の意義と効果の捉え方に違いが見られるが、いずれの回答にも、人権の深い理解につながったことや、他者理解・他者尊重の気持ちが高められたことなどが記述されていた。このような学びは、多文化クラスに集まる学生の多様性が生かされた結果と考えられる。

以下に、代表的な意見をいくつか挙げる（下線は筆者による）。

> 「今まで他人事と捉えてきたニュースが、身近なクラスメートから人権問題として語られることで、問題意識を高めることができた。」（カナダからの女性留学生）
> 「クラスメートの経験を聞きながら、人権の普遍性と個別性について理解を深めることができた。」（タイからの男性留学生）
> 「自国でも人権を学んできたが、多文化クラスでは学生に多様性があることから、人権教育を実践する意義が大きいと考える。学生にとっての共通テーマとして、まずは普遍的な概念で議論を始め、その後に個別的な経験を共有することが大切であると感じた。」（アメリカからの女性留学生）

これらの意見から、多様なバックグランドを持つ学生が共に議論するために、まずは何らかの切り口が必要で、人権がその1つになりうることが確認できる。また、学生の多様なバックグラウンドから、クラス内の議論が多面的・多角的になるポテンシャルがあり、人権の個別的な理解の深まりにつながることも確認された。つまり、人権という普遍的な概念について道徳的な規範や価値観に基づいて意見交換し、そこから各参加者の文化や社会の状況等の背景的な違いを踏まえて議論を発展させていくと、保障されるべき権利と実態の乖離について学生自身の中に矛盾や葛藤が生まれ、人権問題への批判的な問い直しが起こると考えられる。以上のことをまとめると図7のようになる。

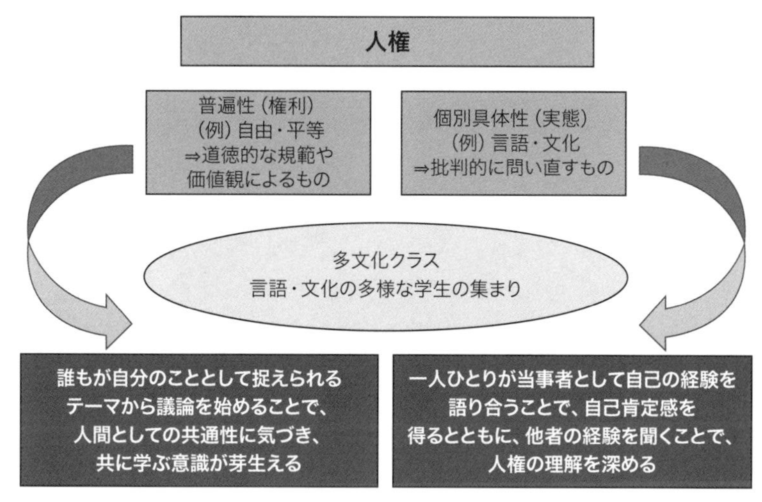

図7：多文化クラスにおける人権教育の効果

図7は、多文化クラスで人権をテーマに取り上げることは、多様なバックグラウンドの学生たちが人権の普遍性について議論し、深める切り口となり、その中で人間としての共通性への気付きが得られること、また相互に自らの経験(身近な他者の経験)を語り合う中で、一人ひとりが当事者意識を持ちながらクラスに参加し、学びあうことが可能になるという構図を示している。

以上の結果は、多文化クラスで人権教育を受講した学生の回答結果から示唆された知見ではあるが、その他の教育実践（小中高や日本語で実践される人権教育）においても、同様にあてはまるのではないかと考えられる。言い換えると、人権というテーマは大学の多文化クラスに限らず、その他の教育実践においても、誰もが当事者意識を持って語ることのできるテーマになると考える。今後は、このような人権の持つさまざまなポテンシャルを生かし、人権教育を実践し普及させることで、人権の保障された社会が築かれていくことが期待される。

まとめ

本章では、学習テーマとして「人権」を取り上げることが、学生たちの多様なバックグラウンドを生かしてクラス内に多文化共生を構築するのに有効と考え、実践した人権教育の事例を振り返った。その実践においては、オルポートの3条件に基づいて学習環境を整え、対話を重視した授業を行った。特に共通課題「言語の問題」に対する目標設定を行った点を強調しておきたい。クラスの環境を整え、さまざまな仕掛けを工夫しながら実践する中で、学生は人権について議論し、認識を深めることができ、学生間のメタ学習が促進された。

また本章では、受講生に全15回の授業の実施前と後の2回、質問紙調査を行って、その学習効果を分析する中で学生の意識がどのように変化するのかを確認した。具体的には、人権の個別的な側面について各自の意見や経験を共有しながら議論を深めていく中で、自らの意見が唯一でないことに気付き、他者への理解が深まること、そして人権を身近な問題ととらえ、人権の保障された社会を目指してできることから行動に移していこうとの意識を高めていけることが確認された。授業の中で取り入れたプレゼンテーションで学生は、一人の力では十分でなくても、クラスメートと共に問題に取り組み、共に解決策を考えることで、人権の保障された社会に貢献できることがある、つまり複数で考えることの効用を学ぶことができた。何よりも、学生は他者と議論する中で共感を覚え、他者理解・他者尊重の気持ちを高めることができた。また、いずれのグループも発表までメンバーと話し合いながら共に準備するプロセスを通じて、他者と協働しながらプレゼンテーションを作る難しさを体験した。そして、プレゼンテーションをするという共通の目標に向かって、さまざまな困難を乗り越えていく中で、徐々にクラス内に多文化共生が構築されていくことを確認した。

第4章では「教育」をテーマに取り上げたが、ここではプレゼンテーションの中で、メンバーが個々に国の教育事情について説明する様子が見られ、問題解決には国の方針や支援作りを変える必要があるとの結論に至るグループが多かった。本章では、学習テーマとして「人権」を取り上げたことから、プレゼンテーションにおいても、人権という規範をクラス内で実践しながら、各自が問題の解決に向けてできることを考え、議論することができた。プレゼンテーションでは、「人権」という切り口で、「教育」をテーマにしたグループも見られたが、4章で挙げたプレゼンテーションと異なり、国という枠組みを越えて身近な教育問題の解決に向けてできることはないかを考え、提示された。そこでは、「人権」という概念が、身近な社会と関わりがあり、学生に当事者意識を持たせるテーマになりうることが示唆された。また、多文化クラスで人権について議論することは、多文化共生社会を築くうえで欠かせない「知識、価値/態度、技能、行動力」の修得という学習効果があり、これがクラス内から学内へ、そして身近な社会へ、さらに、国や世界に人と人の関係性を構築する力となることが示唆された。

第7章　得られた知見の普遍性の検証

前章までの実証的分析を踏まえて、本章では多文化クラスで取り上げるテーマの考察を深めるため、人権以外のテーマで行った授業を分析しながら、その他のテーマの可能性を検討する。また、クラス内の言語の問題を解決するために前章でも紹介したアンケートを本章においても実施し、学生の相互支援をクラス目標に設定するなど、仕掛けを用意することで、学生がどのように変化するのかを考察する。本章では、第4章と6章で紹介した事例と異なる大学で実践した事例を対象とする。

1　はじめに

本節では、筆者が2014年にY大学において日本語で行った、留学生と日本人学生の協働でのプロジェクト学習を事例に取り上げる。このクラスは、次の2つの点で問題があった。それゆえ、この事例を分析することで、これまでの議論と異なる観点から考察を深められるのではないかと考えた。それは第1に、プロジェクト学習にも拘わらず、大教室で90人以上の学生が集まっていたこと、第2に、留学生と日本人学生の人数の割合が1：8、または1：9というバランスの悪いものであったことである。ここでは、グループ内に顕著なマジョリティーとマイノリティーのグループが形成される可能性があることや、言語の問題が生じうることが予想された。本節は、次の2つのリサーチ・クエスチョンに対して検討する。

①学生は「言語の壁」を乗り越えることができたのか。
②その中で「博物館」は、クラス内に「多文化共生」を構築するうえで有効なテーマとなりうるのか。

本節のポイントは、学習テーマとして人権ではなく、「博物館の展示物に対する留学生と日本人学生の協働学習（以降、「博物館」と呼ぶ）」を取り上げて、博物館の学習効果を検討することに加えて、特に言語の問題を解決する方策を考える点にある。博物館が普遍的なテーマとなりうると仮定する理由は、博物館の展示物の解釈が、一人ひとりの見方や捉え方によって異なるものであり、そこに学生の当事者意識を引き出すポテンシャルがあること、そして展示物に対する解釈を巡ってさまざまな意見や経験、見解を述べ合うことで、互いに視野を広げてメタ認知的な見方の深化を図っていくことができることにある。

2　授業概要

科目名は「留学生と日本人学生の協働プロジェクト（博物館編）」であった。本コースは留学生と日本人学生が共に仙台市博物館を訪問し、各自が興味・関心を持った展示物についてメモを取り、それらを個人で発表した後、同じ興味・関心のある学生同士でグループを作り、最終的にグループで調べ学習をして1つの発表にまとめ、プレゼンテーションするというものであった。

本クラスの定員は25名としていたが、本科目が特定の学部にとって、選択必修科目の1つとなっていたことから、初回の授業には90名を超える学生が参加した。参加理由を尋ねたところ、全員の学生が「留学生や日本人学生との交流に興味がある」と答えた。しかし、日本人学生が9割を超える人数であったことから、留学生と日本人学生の人数のバランスを重視すべきか、それとも日本人学生の参加希望を優先すべきかを考えた。その結果、本クラスでは定員を設けず、履習する場合は日本人学生が多いことやグループの人数が多くなることを伝えることとした。そして、本授業のプロジェクト学習に興味のある学生は、留学生と日本人学生の別に拘わらず、履習を検討するよう説明した。その際、同じ国籍であっても、異文化や多様性に興味のある学生にとって、それぞれ異なるバックグラウンドと多様性があり、プロジェクトを通じて、さまざまな気づきや発見が得られることを補足した。本クラスの履習者数は92名となり、そのうち留学生は10名(正規生として学部に所属する留学生9名と日本語で日常会話ができる能力を持った交換留学生1名)となった。留学生は全員アジアの学生で、学部3・4年生、または大学院生で、国籍は中国、韓国、バングラデシュ、マレーシア、インドネシアであった。日本人学生は、全員1年生であった。

本コースでは3つの目標を定めた。1つは博物館という社会教育施設の1つを訪問し、展示物に対する興味・関心を高め、展示物の背景にある歴史について理解を深めること。2つは留学生と日本人学生が、互いに言語や文化、そして価値観の違いを乗り越えて協力しながら、1つのプレゼンテーションを作ること。3つはプレゼンテーションのスキルを高めることである。博物館を訪問したのは全15回のうち2回で、1度目の訪問は3回目の授業時で、この時はまず学芸員から博物館に関する説明を聞いた後、個々に博物館の展示物についてワークシートにメモを取った。4回目の授業では、メモした内容を基に、個人発表をしてもらった。

筆者は、共通の展示物に興味を持った学生同士でグループ分けを行い、グループ間でテーマが重ならないよう調整して、メンバーとテーマを決定した(各グループのテーマについては、表17を参照)。テーマは、全グループの発表を通じて、博物館の展示全体を網羅できるように割り振った。また、テーマごとにグループを作ったが、テーマの解釈や発表のまとめ方は、グループごとに話し合って決めるよう伝えた。全部で10グループとなり、1グループの人数は8〜9人で構成し、1グループに留学生は1人ずつとした。

表17：各グループのテーマ

1班	2班	3班	4班	5班	6班	7班	8班	9班	10班
仙台城の歴史	城下町仙台	伊達政宗の具足の家臣の具足	伊達政宗の日常	仙台藩	慶長遣欧使節の持ち帰ったもの	支倉常長と慶長遣欧使節	支倉常長の生涯	仙台の工芸品	東北地方の工芸品

プロジェクトの課題は、テーマに沿ってグループで調べ学習し、留学生の出身国の歴史や展示物等との共通点・相違点について話し合い、30分間の発表にまとめることであった。5回目の授業は2度目の博物館見学にあてた。ここでは、グループごとに学芸員の説明を聞き、質問などを通して発表内容を焦点化していった。その後は、教室内での作業を中心に進めつつ、ゲストスピーカーの講演も取り入れながら、プレゼンテーションの準備を進めた。最終発表は2グループずつ5回に分けて行った。発表時は相互評価シートを用いて、他のグループ発表を聞きながら建設的なコメントをすることを伝えた。

毎回授業終了時に、振り返りシートを渡して、授業の振り返りと授業への要望を書く時間を設けた。要望の欄は空欄のままのものや、「特にない」との記述もあった。一方で、「留学生ともっと交流したい」、「他のグループの留学生とも交流したい」などの意見が出されたこともあったことから、筆者はこれらの意見をできる限り授業の運営面に取り入れながら授業を進めた。ただ、留学生との交流という点については、プロジェクトが始まってからメンバーを入れ替えることは容易でなかったため、授業の終了前の15分～30分程度の時間を使って、他のグループの留学生との交流の機会を取り入れるなどで対応した。また、グループ発表時は、発表後の余った時間を使って、クラス外からも交換留学生の参加を募り、文化交流の機会を取り入れた。また、10回目の授業でレポート課題を出し、自身の言語支援に対する振り返りと、本コースを通じて学んだことをまとめ、13回目の授業時に提出することを伝えた。

本クラスの成績は、プロジェクトへの貢献度・出席（40%）、発表（30%）、レポート（30%）で評価した。本コースでは、履習者92名のうち、88名がほぼ無欠席（数名に2回程度の欠席は見られた）で授業に参加し、単位を取得した。本クラスは、グループワークを中心に進めたことから、参加条件として、授業に3回休むと単位を付与できないこと、またやむを得ず休む場合は、必ずグループのメンバーに連絡することを徹底した。

3　参加者の様子

大教室でのプロジェクト学習は、筆者にとっても初の試みであり、学生に十分な学びが得られるのか、教育の質は保てるのかなど、さまざまな課題があった。実際にコースが始まると、いずれのグループも、1グループに1名の留学生とできる限りコミュニケーションを取りながら、協働でプロジェクトを進める様子が見られた。プロジェクトでは、グループでの博物館の見学、発表に向けての役割分担と調べ学習、情報共有と発表のまとめ、練習とリハーサルなどの活動があった。その中で、参加者は言語や文化、考え方の違いを体験し、スムーズに話がまとまらない中、それらを乗り越えて、徐々に信頼関係が構築されていく様子が見られた。発表の仕方はグループによって異なっていたが、いずれのグループにも独自性が見られた。

例えば、8班の支倉常長の発表は、慶長遣欧使節団の航路とその背景事情や歴史をメンバーなりに解釈し、劇にまとめて発表した。ここでは、留学生が支倉常長を演じ、日本人学生が支倉常長のお供や渡航先でのスペイン国王やローマ教皇になったりと、役割分担にも工夫が見られた。その他のグループもパワーポイントを使ったり、関連する楽器の演奏を披露したりと、展示物の紹介にとどまらず、広がりがあった。グループのメンバーである留学生の国に類似する展示がないか調べ、背景や歴史上の違いを説明した後、展示物の特徴を紹介するグループもあった。留学生の存在が発表に新たな視点と示唆を与えるものであり、留学生と日本人学生の双方に学びの成果が確認できる発表内容となっていた。

4　言語の問題に対する取り組み

本クラスは、日本語で実施したことや、9割が日本人学生であったことから、言語の面で日本人学生が優位な立場にあった。前章でも用いたが、言語の問題を解決するために、初回の授業時にアンケートを配り、「クラスに言語面でハンディキャップのある学生がいる場合、あなたは何をしますか」と尋ねて、学生の意識を確認した。回答は、以下の4つの選択肢から選ぶこととした。

①何もしない
②授業中近くに座り，補足説明をするなど助けようとする
③休み時間などに質問はないか話しかけてみる
④その他（具体的に記述してください）

回答者数は，合計83名（うち留学生9名）で、留学生の国籍は全員アジア（中国、韓国、バングラデシュ、マレーシア）であった。回答結果は図8のようになった。

図8：言語支援に対する考え方

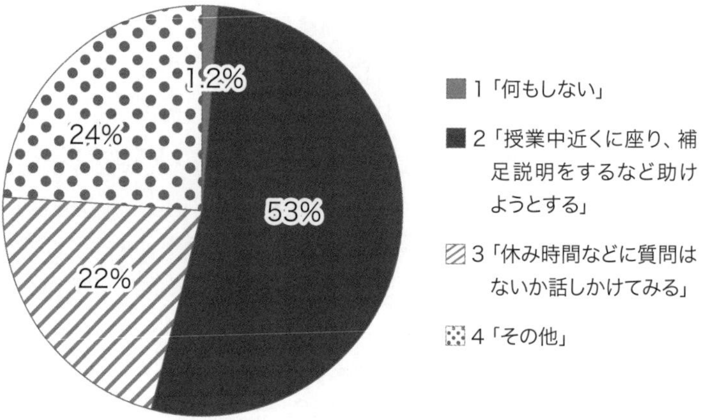

1.2%
24%
53%
22%
1「何もしない」
2「授業中近くに座り、補足説明をするなど助けようとする」
3「休み時間などに質問はないか話しかけてみる」
4「その他」

図8の結果を見ると、1を選んだ学生が1名（日本人学生）いたことが分かる。また、一番多かったのは2であった。4を選んだ理由には、「一人で話しかける勇気がないので、数人で話しかけにいく」、「その人に意見を求める」、「その人の好きな話題を探って話しかける」などが記述されていた。

2回目の授業では、これらの結果を学生にフィードバックし、それぞれの文化的背景により、互いに支援することに対して異なる意見を持っていることを伝え、クラス内の目標として、「言語面での相互支援」を掲げた。実際には、言語とひとくくりにできないさまざまな違い（例えば文化的背景の違い）が相手を理解する際に必要で、これらの理解も含めて、相互支援が大切であることを補足した。北出（2013）は、「話者同士の共通規範は、前提として何か存在するのではなく、また母語話者が基準になる訳でもなく、コミュニケーションを通じて構築あるいは再構築していくものであり、それは双方向に創られる」（120頁）と述べている。つまり、相手と何とかコミュニケーションを取ろうと努力する中で、言語的な支援をしたり、また受けたりしながら、相手の考え方や文化を理解して、互いに共通ルールを作っていくことが協働学習において重要である。そこで本クラスにおいてもクラス目標を達成するために、言語以外の考え方の違いや文化的側面も理解する必要があり、互いにそれらに気づきながら歩み寄る姿勢が大切であることを伝えた。

授業概要のところで説明したが、毎回授業後に用いた振り返りシート記入時には、クラス目標に対して、各自の授業時の態度と行動について記述することを伝えた。また、先に述べたが、レポート課題では他者の言語的サポートに対し、初回のアンケートで自身が回答したものを思い出しながら、本コースの中で意見が変化したか、他者を助けたり、助けられたりすることで、何を学んだかについてまとめることを1つの問いとした。ここでは、言語のサポートに対する意識の変化について、次に説明する(1)から(3)の3つの異なる観点から、日本人学生がレポートに記述した内容を紹介する。(4)は、学生間の言語の壁と言語支援を通じて、学んだことをまとめている。日本人学生に限定しているのは、本クラスが日本語で実施したものであったことから、言語面でハンディキャップのない中で、日本人学生はどのような気持ちを抱いていたのかを確認できると考えたからである。

(1) 授業に参加することで支援に対して考え方が変化した学生の意見

日本人学生 1
初回の授業で、『休み時間に助ける』を選びました。その時、私は大学に来たばかりで周りに留学生がたくさんいる環境に慣れていなかったため、どのように接することが正解なのかわからずにいました。しかし、この授業に参加して、勇気と行動力を身に着ける事ができ、海外から日本に来ている人々の考え方を理解できるようになりました。そこで、今は『授業中に助ける』を選びます。このように変わった理由は、以前よりも人に話しかけることに抵抗を感じなくなったこと、それに加えて、留学生と学ぶ中で自分の国際交流に対する考え方が変わったことにあると思います。

この意見から、グループ内の留学生と接する中で、初めは「休み時間に助ける」を選んでいたが、授業に参加するうちに、助けが必要であれば、その場で助けるとの考えに変化したことが確認できる。このような意見が出されたのは、プロジェクト学習においては当然とも考えられる。一方で、以下のような意見もあった。

日本人学生 2
初回の授業では、『休み時間に助ける』を選びました。しかし、授業を通じて必要なサポートは状況により異なり、一概にこれがよいと言えないことが分かりました。また、留学生の持つ言語の壁は単に言葉が通じないということだけではないことを体験しました。習慣や風習といった文化的な側面での違いや、日本人学生が当たり前だと思っていることが必ずしもそうではないことに原因があるのだと思います。したがって、言語の壁を乗り越えるためには、1つは言語面で理解できないところを教えてあげること、2つは日本人同士では当たり前だと思っていることに対しても説明してあげること

が必要だと思います。

この学生は「言語の問題」に対して、言語だけでなく、言葉の裏にある文化を説明する必要があることを学んだと述べている。次のような意見もあった。

日本人学生3
初回の授業で『授業中に助ける』を選びました。しかし今は『休み時間に助ける』を選びます。言語にハンディキャップがあるからと言ってすぐに助けてしまったのでは、本当にその人のためにならないと思うようになったからです。困難にぶち当たり、自分で解決しようとしなければ成長しないと思います。もちろん、向こうから助けを求めてきたらすぐに教えてあげます。

このような意見は、留学生と対等な立場にあるというよりは、少なからず日本語母語話者という点で優位な立場で留学生と接する中から得られたものであると考えられる。次のような意見も見られた。

日本人学生4
初回の授業で『何もしない』を選びました。苦しい状況でも、一人で乗り越えることが必要だと考えたからです。しかし、本クラスに参加することによって、別の考え方もあるのではないかと思うようになりました。今なら、『休み時間に助ける』を回答すると思います。基本的には、壁は自分の力で乗り越えるべきだと考えており、そこに変わりはありません。私は困った留学生に手を差し伸べることはしなかったのですが、他の日本人メンバーで助けてあげようとする人がいました。そのようにしていては、留学生も日本人学生も共に成長できないと思いました。しかし、恐らくその考えは間違っていたのでしょう。サポートの甲斐あってか、留学生は徐々に時

にはうるさいくらい、周りの学生と日本語で話すようになりました。つまり、きっかけを与えてもらった後、再び壁と向き合って、それを乗り越えようとすることこそが大事なのではないかと考えるようになりました。

ここには、自身が日本語で授業を受けることにハンディキャップを感じていない中、自分の考えとグループ内のメンバーの支援に対する考えに違いがあることに気付いたことが述べられている。言い換えると、別の考え方があること、またそのような考えの良さに気付き、そこから自らの見解を振り返り、支援に対して新たな捉え方をするに至ったことが読み取れる。ここでは、支援の多様性といった観点から、メタ認知的な見方の深化が図られたと考えられる。

(2) 授業により考え方に変化が見られなかった学生

日本人学生 5
初回の授業のアンケートでは、『授業中に助ける』を回答したが、その考えはこのクラスを通してあまり変化がなかった。今回何人かの留学生と話して思ったのが、最初は言葉が伝わらなかったらどうしようと身構えてしまい、話しかけてもあまりうまく話せなかった。だが、自分が本当に伝えようと思ったことを一生懸命に伝えようとすると、相手もそれに応じてくれることが分かり、相手からの意見も聞くことができたので、言語の壁の前に相手にものを伝えようとする姿勢の方が大切だと思った。

この学生は、初めから助けることに対して前向きな意見を持っていた。そして授業の中でそれを実行し、相手とコミュニケーションを取ろうとする姿勢が大切であることに改めて気付いた例である。ここでも支援に対して、自らの見解を具体化することができた点で、メタ認知的な見方が深化したと考えられる。

日本人学生6
初回の授業で、私は『何もしない』を選びました。これを選択した理由は、自分の語学力に自信が持てず、他者とコミュニケーションをとることを苦手としているからである。そのため、下手に話しかけても自分の語学能力・コミュニケーション能力のなさを相手にさらけ出してしまうことになると思う。現在でもその考えは変わっていないが、同じ班の人とプロジェクトに取り組むことで、少しは変化したように思う。

この学生は語学に対する苦手意識がありながら、本クラスに参加し、前向きに取り組んだ様子が伺えた。その結果、他者へのサポートの大切さに気付き、相手を助けようとの気持ちを高めることができた。

(3) 授業により自分の考え方を確かめた学生

日本人学生7
授業に参加したことで、自分はその他（自分から積極的には助けない）という結論に落ち着きました。自分は、言葉が通じないので支援をしてあげなければいけないということに同意できません。互いに理解を深める努力が必要であると考えるからです。そして文化の差異で互いに誤解を生んだ時には、その差異が存在しているということを認め、互いに話し合うことが大切であると考えます。

この学生は、言語の支援について考えることで、言語そのものよりも文化的背景の違いに気付き、そこから相手を理解しようとする姿勢が大切であることを学んでいる。ここでも、授業を通じて自身の見解が具体化されたことから、メタ認知的な見方の深化が図られたと考えられる。

(4) 言語の壁を通じて学んだこと

授業により考え方に変化の見られた学生の記述から、積極的に助けるという意見と、まずは自分で解決しようとする姿勢が大切であるとの意見に分かれたことが分かった。授業により変化しなかった学生からは、もともと助けることに積極的であり、それに対して変化がなかったという意見が見られた。また、学生6のように、助けるためには語学力が必要であると考える学生や、学生7のように、語学力よりも文化的背景の理解が大切であるとの気付きを得た学生がいることも分かった。

本コースは、「博物館」をテーマに、プロジェクト学習を行った実践であるが、本コースを通じて、参加した学生は、「言語支援」というクラス目標に対して、自らの考えと実際に取った行動やクラスメートの言語支援の様子を振り返り、自らの見解を再調整し、新たな見方を得るに至った。ここでは、コースに参加した際の自身の意見に変化のあるなしに拘わらず、言動を具体化したという点で、自身の他者に対する考え方を対象化できたことから、メタ認知的な見方の深化が図られていた。つまり、人権というテーマでなくても、学生が共に1つのプロジェクトを遂行する中で互いに対話やサポートをすることによって、他者理解・他者尊重の意識を高め、自身の考え方や自文化に変化が見られることが分かった。また、学生の記述に共通して観察されたことは、本授業が日本語で実施されたため、日本人学生に留学生を助けるという意識があった点である。このような学生が一旦海外で自らも言語の壁に直面する場面に遭遇すれば、意見が変化する可能性もあるだろう。一方で、ここに示された日本人学生の言語に対する構えは、留学に行かない学生においては、今後も維持されるのではないだろうか。もちろん、学内で留学生と交流するなどしながら、徐々に変化する可能性もあることから、継続的にモニタリングし、確かめる必要がある。

5　大教室でのプロジェクト学習の効果

それでは、留学生は何を学んだのだろうか。留学生がレポートの中で、コースを通じて学んだ内容として記述したことを以下に2つ紹介したい。

留学生1：*言語や文化の違いがあっても、私たちは同じ人間として、何とかしてコミュニケーションを取ろうとする天性があることに気付いた。また、分担して作業することの大切さを学んだ。1グループに9人という大人数ではあったが、自分たちの役割を3つに分け、それぞれ異なるツールで情報収集を行った。私たちの小グループは、文献から情報収集するという役割であった。日本語の文献にあたるのは大変であったが、日本人学生が手伝ってくれた。互いに協力することは大切であることを体験した。プロジェクトは一人で取り組むのとは異なり、たくさんの意見が出され、課題に対する議論も多角的になった。1人で進める場合の利点は、自分のペースで好きな時にできるという点にあるが、アイディアの広がりはなかったと思う。*

留学生2：*1人で課題に取り組むより、グループの方が楽しいです。役割分担した後、調べた内容を共有できるよう、真剣に自分が担当した部分に取り組むようになります。私のように留学生は、自分の国だけを調べようとしますが、日本人学生が調べてきた資料を見ることで、新しい発見がたくさんありました。発表の形式も多様になります。多様なバックグラウンドの人たちがアイディアを出し合って考えれば、もっと創造的な物が出来上がります。ただ、グループで活動するために、時間を見つけるのが大変でした。修正するときも、みんなで意見を集めて合意点を見つけなければならないので大変でした。*

これらの留学生の記述には、グループで課題に取り組むことで、内容に幅が出ることや、分担することで、自分の担当箇所をじっくり調べることが出来るなどが利点として挙げられている。つまり、自身に日本語に対するハンディキャップがあったとしても、グループのメンバーから言語面でのサポートが得られただけでなく、日本人学生の調べた内容が自らの知識の広がりにつながり、自らが調べた内容をより具体化できたことから、メタ認知的な見方の深化を図ることができた。一方で、発表を1つにまとめることの難しさや、全員が集まって作業する時間を作ることが大変であったことも記述されていた。この点は、日本人学生のレポートの中でも言及されていた。ただ、このような状況の中でも、最終的に全てのグループが、工夫を凝らして発表できたことは、さまざまな困難を乗り越えた結果であり、このような経験を通じて、互いに協力し合う姿勢が育成されたと考えられる。

本クラスはプロジェクト学習にも拘わらず、大人数で行ったものであったが、留学生と日本人学生に共通する学習成果として、1. 他者を助ける、また他者から助けられる経験を通じて、他者理解・他者尊重の大切さに気付き、2. 多様なバックグラウンドの学生たちとの協調性を身に着けることができた、と言ってよいだろう。

6　考察とまとめ

本節では約90人という大人数のクラスにおいてプロジェクト学習をするというチャレンジがある中で、教員がどのようにクラスを運営し、その中で学生は「言語の問題」に対してどのように取り組み、何を学んだのかを中心に検討した。最後に本書の理論的な枠組みに立ち返って、その普遍性について考えたい。

まず、オルポートの3条件（対等な関係、共通の目的、組織的な支援）については、次のような課題が残された。対等な関係については、言語の壁や文化的な背景の違いがあり、人数差もあったことで、日本人学生がどこか優位な立場にあったことだ。共通の目的については、グループ毎に目標を持ってプレゼンテーションを作り上げることができたが、クラス目標である言語面での相互支援については、一人ひとり支援の仕方が異なっていた。組織的な支援については、人数が多かったため、教員である筆者は、サポートを必要とする学生に十分に対応することができなかった。「対話」についても、学生一人ひとりと十分な対話はできなかった。ただ、コースで毎回授業後に使用した振り返りシートを通じて学生の率直な意見を聞くことができ、筆者はできる限り学生の意見を反映させながら授業を進めた。

それでは、学習テーマとしての博物館は、普遍的なテーマであったと言えるのだろうか。博物館に展示されているものは地域の歴史的な背景を有するものであり、これは地域特有のものである。このような普遍的でない側面を各グループはどのように調整していったのだろうか。そこには、「博物館」というテーマの持つ以下の2つのポテンシャルがあったのではないかと考える。

1つ目に、それぞれ文化的背景の異なる学生がグループの中で、異文化という視点を共有しながら、展示物には明らかにされていない背景知識を補完し合った。このことで、学生がそれまで当たり前と思っていた自身の見解を振り返り、他者の知識や意見を統合させながら、新たな知としての明示化を図った。このように、グループのメンバーが共に新たな知の形成を試みる中で、メタ認知が促進されていったことである。

2つ目に、博物館は多様な文化の出身者（ここでは、歴史的に異なった時代に属する同じ地域の人たちも含む）に歴史的遺産を提示するため、既に普遍的に理解されることを目標とする形式化と言語化を行っており、このことが、本クラスの多様な学生が共に取り組むプロジェクト学習を支える条件として働いていたことである。

つまり、博物館が異なるバックグラウンドの学生が集まるクラスにおいて、学生にとって議論を始める切り口となり、誰もが自らのバックグラウンドや自文化を尊重しながら、自らの立場で考えることのできるテーマとして機能したと考えられる。ここには、前章で挙げた「人権」という普遍的な概念を取り上げることと共通するテーマ設定の視点がある。

人権には普遍性だけでなく、個別具体性があったが、「博物館」の展示物にも、誰もが新たな解釈を加える余地があり、他方で、既に説明がなされているという事実がある。この二面性が、多様なバックグラウンドを持つ学生が共に議論することで、多面的・多角的に発展し、そのプロセスの中で、展示物に対する理解を深めるだけでなく、相互理解につなげていくことができたのである。

最後に付言しておきたいことは、本項では言語の問題を克服しながら学生が学んだことを考察する中で、課題解決を目的としたプロジェクト学習であっても、運営の工夫次第で人数に拘わらず、大人数でも学生主体の学びを促す教育実践が可能である点である。また、第4章と第6章で紹介した実践とは異なる大学での事例であったが、留学生と日本人学生が共に学ぶ多文化クラスにおける学習成果という点では差がなかったと考えられる。

まとめ

本章は、第6章までの議論の普遍性を検討するため、普遍的なテーマ設定とクラス内の「言語の問題」に焦点を絞り、第4章と6章で挙げた事例と異なる大学で行った事例を考察した。「博物館」をテーマとして大人数で行ったクラスにおいて、学生が言語の問題を通じて気づいたことやコースを通じて学んだことを中心に、どのようなテーマが多文化クラスにおいて有効であるのかを分析した。その結果、普遍的なテーマの提示により、誰もが自分のことと捉えられる可能性が出てくることが分かった。言い換えると、一人ひとりが「当事者意識」を持って、クラスに参加できるテーマを取り上げることの重要性が確認された。「博物館」では、展示物に対する見方や解釈が多様であり、そこに学生が互いに意見を出し合う余地があり、メタ認知的な見方を深めるポテンシャルがあることが示唆された。

Ⅳ部

事例考察とまとめ

終章

本書では、グローバル化する世界の中で、日本の社会において重要視されてきた「多文化共生」という言葉をキーワードとして、日本の大学で留学生と日本人学生が共に学ぶクラス(多文化クラス)を対象に、クラス内に「多文化共生」を構築するため、クラスの構造をどのように組み立て、何を学習テーマにすればよいのかについて検討した。また、言葉では表現できない教育現場の個別事情について説明するため、X大学とY大学の合計4つの事例を取り上げて、クラス内の課題やそれに対する支援の様子、そして学生の意識変化や学びの効果を紹介した。

その結果、まずはクラスという限られた空間と場所に、学習目的で集まる学生の主体性を引き出すため、教員が学生に仕掛けを用意し、ファシリテーションすることが重要であると確認された。また、教育現場ならではの特徴である教育的介入、言い換えると教員からの仕掛けの工夫次第で、多文化共生を促進することができることが確認された。

同時に本書では、教育現場における多文化共生をより大きな社会・経済的な文脈と関連させながら考察することを試みた。このことで、現在の社会的な必要を満たすだけでなく、短期の効率性を重視する経済的な文脈における多文化共生の促進法の問題点も示唆された。

本章は、ここまでの議論で明らかになったこと、また、十分に議論できなかったことをまとめる。

第1節 多文化クラスの運営にあたって

本書のキーワードである「多文化共生」という言葉について、総務省が2005年に立ち上げた「多文化推進に関する研究会」では、「国籍や民族の異なる人々が、互いの文化的違いを認め合い、対等な関係を築こうとしながら、地域社会の構成員として共に生きていくこと」（総務省　2006、5頁）と定義している。しかし、この定義に対して、山西(2012)は静的で相対主義的な文化観に基づいていることを批判している。本書では「多文化共生」について、「学生一人ひとりが他者との共通点・相違点を理解することで、相手を受け入れ、言語や文化の違いを踏まえつつ、対等な立場で積極的にクラスに参加し、学んでいる状態」と捉えて議論した。そして、教育実践を通じて、クラス内に多文化共生を構築し、クラスの中で身に着けた知識、価値/態度、技能が、クラスの枠を越えて、学内で、また身近な社会で他者と共に生きる力となることを目指した。さらに、授業に参加する学生が、他者と共に身近な社会問題を多角的な観点から捉え直し、解決に向けて行動に移していこうという意識を持った人材として成長することを目標に、以下の3つの問いを設けて考察を行った。

①どのような学習環境を整える必要があるのか（学習環境条件）。
②どのように教えると効果があるのか（教育方法）。
③何を学習テーマに取り上げると効果が高まるのか（学習テーマ）。

以下では、これらの問い毎に得られた知見を確認していくが、その前に一言述べておきたい。本書の第2章3節では、倉地（1992）が企業や軍隊などで海外に赴任する人々を対象とした「異文化訓練法」に対して、6つの問題点があることを指摘していたと説明した。本書では、これを解決するため、「多文化共生を促進する学習のあり方」として6原則にまとめた。この6原則には、学習環境や教育方法、学習テーマに関わる重要な示唆が含まれていた。しかし、これらはあくまで基本方針であって、それらを具体的に説明するためには、学習環境条件や方法論、学習テーマの選定について、さらなる議論が必要であることも示唆された。このことを前提としたうえで、先に挙げた3つの問いに応える形で、本書では以下にまとめる議論を展開した。

1　学習環境条件

まず、「①どのような学習環境を整える必要があるのか。」についてである。多文化クラスの学習環境づくりにおいて、コミュニティにおける各民族グループ間の友好的関係の構築を目的としてオルポート（1961）が分析し提唱した異文化接触を肯定的にする3条件（1. 対等な関係、2. 共通の目的、3. 組織的な支援）が援用できるのではないかと考えて、具体的に考察を行った。オルポートの理論が出されてからこれまでの60年間、さまざまなところでこの異文化接触を友好的にする3条件は援用されてきた。例えば、シェリフ他（1961）は2つの集団を研究対象として、双方にどのような関係性が構築されるのかについて、その過程を観察した。そして、オルポートの3条件は関係性を構築するうえで有効であるが、条件2の「共通の目的」については、「敵対する相手と共に取り組まなければ解決できない問題（課題）を提示し、連続する課題に取り組む中で、徐々に関係性が築かれていく」と述べて、共通の目的に「上位の目標」を加えた。つまり、3条件を支持しながらも、「共通の目的」に「連帯性と連続性」が必要であることを強調した。

その他にも、留学生の受け入れ体制という観点から、オルポートの3条件を援用する先行研究が見られる。その中で、自己と他者が接触することで、双方の関係性構築にプラスの効果をもたらすとの前提に立ちながら、単なる接触だけでは十分でないことや、組織的な支援が一方向の支援になっては、逆効果を生む危険性があることなどが指摘されていた。そして、留学生が受け身とならず、対等な関係を築くためには配慮が必要であることも示唆された。

多文化クラスはクラス内が異文化接触の場であり、このような場で行われる双方の対話は、異文化コミュニケーション能力を高めることにつながる。また、クラスの中で多様なバックグラウンドの学生が意見交換することで、議論が多面的・多角的になるポテンシャルがある。英語で実施する多文化クラスであれば、日本人学生が言語の面でマイノリティーを体験することとなる。

このような多文化クラスにおいて、オルポートの3条件をどのように解釈するとよいのだろうか。本書では、オルポートの条件1「対等な関係」について、参加する学生一人ひとりが、互いに言語や文化の違いを越えて、他者と共に学ぶ意識を持って授業に参加することと捉えた。条件2「共通の目的」については、学生がそれぞれ直面している言語の壁を乗り越えて、クラス内に「多文化共生」を築くこと、とした。条件3「組織的な支援」については、主に教員からのサポートを中心に考えた。そして、これらの3条件は、教育実践においても必要であると仮定した。

ただ、オルポートの3条件を多文化クラスに当てはめて考えても、コミュニティとクラスには異なる点がある。例えば、クラスの「共通の目的」には当然のことながら学習目的があり、「組織的な支援」には、教員の関わりがある。本書で紹介した筆者の事例では、全15回の授業の中で単元学習を取り入れ、まず知識習得を図った後、知識に基づいてグループでプレゼンテーションをするという流れで進めた。その過程ではディスカッションやアクティビティを取り入れ、一貫した学習目標の下に複数の活動を用意し、繰り返し他者と共に活動に取り組む機会を設けた。また、初めからグループ活動を取り入れるのではなく、まずは各自で考える時間を設け、個人からペア、グループへと人数を増やしていった。このように、連続的に関連する活動に参加することを通して、他者理解や課題に対する理解が深まり、メタ認知が深化されていくことを確認した。教育実践において教員は仕掛けの設定やさまざまな支援をするといった点で、重要な役割を担っており、これはオルポートが対象としたコミュニティにはない教員からのサポートの効果といえる。

もちろん、教育実践はスムーズにいくことばかりではない。この点と関連して、第3章1節でオルポートの3条件に対して、クック（1985）が「不一致の理論」を加える必要があると指摘していた。ここでの不一致は、接触効果を妨げるさまざまな要因と言い換えられる。このような不一致は多文化クラスにおいても当然起こりうる。なぜなら、言語や文化の異なる学生が集まれば、議論する中で、考え方や価値観の違いから、矛盾や葛藤が生まれる可能性があるからである。これらをいかに克服していくのかを考えずに、クラス内に「多文化共生」が築かれると単純に考えることはできない。このような場では、やはり教員がクラス内で起こりうる矛盾や葛藤、意見の食い違い（アジアや欧米の留学生間でも意見は異なる）を想定して、多様なバックグラウンドの学生が対等に議論できるような配慮と十分な知識を提供することが重要になる。いざ議論となれば、教員はファシリテーターとして、学生と共に学ぶ姿勢を持ちながら、学生間に生じる認知的葛藤をプラスの効果に変えていくために、仕掛けを工夫する必要がある。

この点と関連することとして、本書で紹介した筆者の事例では、特に言語の問題に焦点を絞り、次のような仕掛けを設定した。まず、初回の授業で質問紙Ⅰやアンケートを用いて「クラスに言語面でハンディキャップのある学生がいる場合、あなたは何をしますか？」という質問を設け、参加学生の言語支援に対する意識を確認した。筆者は、次週の授業で学生の回答結果を紹介し、クラス内での相互支援をクラス目標に据えた。授業中はクラス内で互いに協力することを促し、授業後はコメントシートを用いて学生が「どの程度他者を助け・助けられたか」について振り返らせ、同時に、次週までの新たな目標を立てさせた。このようなクラス目標の設定と毎回の授業の振り返りをさせることで、学生はクラス目標を意識しながら授業に参加することができるようになり、クラス内に「多文化共生」を築いていこうとの意識を持って授業に参加することができた（連帯性と連続性）。

ここで言語の問題を取り上げた理由は、多文化クラスで必ずといっていいほど問題になる点であるからである。加えて、教授言語を英語とする授業では、日常生活において留学生が日本語というハンディキャップを経験している中で、本クラスでは日本人学生と非英語圏の学生が英語で議論に参加するという点で言語の面でハンディキャップを負うこととなり、双方にとって言語の壁を乗り越えることが共通の目標となりうると考えたからである。日常生活ではなかなか言語の問題について考える機会のない日本人学生が、クラスの中で言語の壁を経験することで、初めて留学生の気持ちを理解することができるようになる。また、この言語の問題が留学生と日本人学生の双方にとって、自身の問題と捉えることが可能になると考えたからである。そして、この問題をクラス内で他者と共に考えることで、他者理解・他者尊重の精神を高めていくことができる。

以上のように、本書ではオルポートの3条件を基本に据えながら、クラス内に多文化共生を築くため、教員の役割と教員からの仕掛けの工夫の重要性を強調した。ただ、教員は学生に一方向的な支援とならないように、学生の意見を尊重しながらも、学習内容に関わる部分については、指導的な立場で授業を進めることが大切である。

2　教育方法

次に、「②どのように教えると効果があるのか。」は、学生同士、および学生と教員の間の連続的な「対話」が不可欠であると結論している。オルポートがコミュニティを対象に研究を行ったのに対して、本書は教育現場のクラスを対象とすることから、教員の役割に加えて、どのような教育実践を行うべきであるのかという方法論についても検討が必要であった。先行研究の中で、フレイレが「教育の対話性」という言葉で教育と対話について述べているが、その他多くの学者が「対話」の重要性について言及してきた。その一人である三宮(2008)は、教育活動の遂行段階だけでなく、事前段階、事後段階において、継続的な対話が必要であり、そのことでメタ認知が促進されると説明している。本書においても、他者と共に学ぶ体験を通じて、メタ認知の深化を図ることを目標に、第4章と第6章、第7章では、対話を重視した教育実践を行った。この「メタ認知」については、

①根拠に基づいて自身の考えを言語や文化の異なる他者に説明する力、
②他者との議論を通じて、自らの意見が唯一でないことに気づき、

自身の考え方や価値観を問い直し、自文化を再確認する力、
③積極的・主体的に他者と関わり、相手の立場を考えながら対話する力、

と捉えて、このような学習効果を得ることを目指した。その結果、第4章と第6章、第7章で紹介した教育実践では、連続的な「対話」が不可欠であることを確認するとともに、学生同士、学生と教員の間に十分な対話がなければ、教育実践に課題が残されることも示唆された。

それでは、オルポートの3条件と「対話」が十分にあれば、クラス内に「多文化共生」が構築されるのだろうか。第4章の2節では、筆者が多文化クラスを参与観察し、オルポートの3条件と対話の必要性、およびその十分性を検討した。その結果、オルポートの3条件をクラスの中で具現化するために、「各自の参加意欲・態度」と「学生同士の関わり」が不可欠な要素であることが示唆された。これをシステムといった観点から考えると、「学生間の協力体制・相互支援」の必要性という言葉にまとめることができる。さらに、これらの条件や要素は相互に関連しており、いずれも「多文化共生」の構築に効果的であることが確認された。

一方で、このようなクラス環境と方法論が必要であったとしても、クラス内に「多文化共生」を構築するうえで、十分ではないことも示唆された。第4章2節の参与観察の分析の中で、焦点観察者Cが、最初の頃は積極的に授業に参加していたが、徐々に消極的になっていく様子が観察された。そこには、言語の問題や活動のテーマに対する興味・関心の低下といった原因が考えられた。そして、興味・関心を高め、維持するためには、一人ひとりがクラスの議論に関わっているという「当事者意識」を持つことが大切であり、そのために何か別の要素が必要なのではないかが示唆された。

3　学習テーマの設定

前項の示唆を受けて、本書では「誰もが自分のことと捉えられるテー

マ」を設定することで解決できるのではないかと考えた。それが、「③何を学習テーマに取り上げると効果が高まるのか。」という問いである。本書では、「人権」が1つの有効なテーマになるのではないかとの前提で教育実践とその分析を進めた。これまでの多文化クラスに関する先行研究を見てみると、「異文化理解」や「異文化コミュニケーション」といったテーマで、学生が互いに異なるという相違性の理解に学びの焦点が置かれていた。本書では、まず互いに共通性への気づきを促す必要があると考え、人権を取り上げる理由として以下の5つを挙げた。

①人権は普遍的であり、捉え方が人によって異なることから、1つの答えを求めるものではない。このような考えに基づく人権は、学生に議論を始め、深める切り口となる。
②人権は誰にとっても関わりのある身近な問題であることから、事前の知識量に拘わらず、自らの経験を振り返ることで、他者と意見を交換し、議論することができる。
③人権は、自己の文化、アイデンティティの形成に関わりがあることから、他者との議論を通じて、自文化が再確認される。
④学生の主体性を尊重しながら教育を進めるうえで、人権という共通規範は必要である。また、人権を通じて、自己と他者の関係が構築される。
⑤人権教育を通じて築かれた「多文化共生」は、クラスから社会につながり、一人ひとりが尊重される社会の発展に寄与する。よって、学習テーマとして「人権」を取り上げることで、単なる意見交換に終わることなく、世界の人権問題に対して、平和的な解決を考え、具体的に行動する力の育成につながり、高次のレベルの学習効果（人と人の関係性を構築する力、社会変革力）をもたらす。

つまり、人権は単に意見交換を行うためのテーマではなく、人と人の関係性を築くうえで基本となるもので、他者と共に人権について具体的な事例を突き詰めて議論するプロセスの中で、人権と現実のギャップを明らかにすることができるテーマである。また、人権をテーマとして取り上げることで、人権が保障される社会作りに必要な行動がどのようなものであるのかを考え、行動する力が育成される。このように人権を学ぶことは、高次のレベルの学びの効果を得ることにつながるのである。

本書では、研究対象を多文化クラスとした。多文化クラスには、多様なバックグランドの学生が集まることから、一人ひとりが身近な人権問題を出し合って他者と意見や経験を共有することで、クラス内の議論が多面的・多角的になるポテンシャルがある。このようなクラス内の議論は、学生に新たな気づきを与え、共生意識を高めるきっかけを作るものであり、これを有効に活用していく必要がある。本書では、多文化クラスで人権教育を受けることでどのような意識変化が見られるのかを確かめるため、全15回の授業の実施前と実施後の2回、同じ質問紙を用いて調査を行った。調査対象者は授業の登録者38名のうち、2回とも質問紙に回答した35名とした。質問紙は、文部科学省が設置した「人権教育の指導方法等に関する調査研究会議」で作成された第3次とりまとめを参考にしながら、「知識、価値/態度、技能、行動力」の4側面から全34問を設定し、5段階尺度を用いて選択式の回答方法を取った。2回の回答比較から、変化の見られた項目とそうでない項目に分かれた。変化の見られた項目は、当然のことながら授業の仕掛けによると考えられるもの、例えば「自分の意見をはっきり主張できる」という質問である。ここでは、実施後に肯定回答に変化した。その他、多文化クラスという環境の効果と考えられるもの(「人はみな異なっているが、共通する点もある」など)においては、実施後の回答で全員が肯定回答になったことが挙げられる。また、「いずれの国も難民を受け入れていくべきだ」では、実施前に否定回答の多かった日本人学生が、授業の中でクラスメートの話を聞き、問題意識を高めた結果、肯定回答に変化した。その他、変化は見られたが、有意差は認められなかった項目として、「人権には優先順位が存在する」が挙げられる。これは、実施後否定回答が増えており、質問の意図と反する結果となった。実際には授業の中で他の学生と意見交換することを通じて、人権と現実のギャップに対して意識を高めた結果、批判的な見方に変化したことや、自身と関わりの深い人権を第一に考える傾向が高いことが読み取れる。このことはメタ認知の深化でもある。変化しなかった項目は、多文化クラスの特徴と考えられる項目「価値観が違う人と話し合うことで、新たな発見が生まれる」や「私は他者とともにプロジェクトに取り組むことが好きだ」では、実施前の肯定回答が実施後も維持された。このことを言い換えると、実施後も興味・関心を維持できたと考えられ、これは学習テーマによる効果と考えることができる。以上が、本書を通じて議論し、得られた結果である。

また、第7章では「博物館」をテーマに実践した例を紹介したが、テーマが異なっても、学生が他者と共に学ぶクラスにおいて得られるメタ認知的な見方の深化には共通点があった。ただ、どのようなテーマでもよいのではなく、学生が「当事者意識」を持ってクラスに参加し、議論することのできるものでなければならない。本書では、テーマ設定という観点から人権と博物館を取り上げた事例を紹介したが、その中で共通していたことは、テーマが持つ普遍性と個別具体性の2つの側面が重要で、これらのポテンシャルを生かした授業を行うことができれば、学生の積極的な参加を引き出すことができるということである。また、どのようなテーマであっても、クラス内に多文化共生を構築するために人権という規範が不可欠であることだ。

4　多文化クラスを運営する際の理論的枠組み

本書では、オルポートの理論を1つの柱に据えて、多文化クラス内に「多文化共生」を構築する枠組みを検討した。ここで、本書の議論を通じて得られた結論をまとめると、図9のようになる。

図9は、オルポートの3条件に「事前、遂行、事後段階での対話や学生同士の相互支援、教員からのサポート」が加わると、参加者一人ひとりの積極的な参加を促す素地が築かれることを示している。そして、ここ

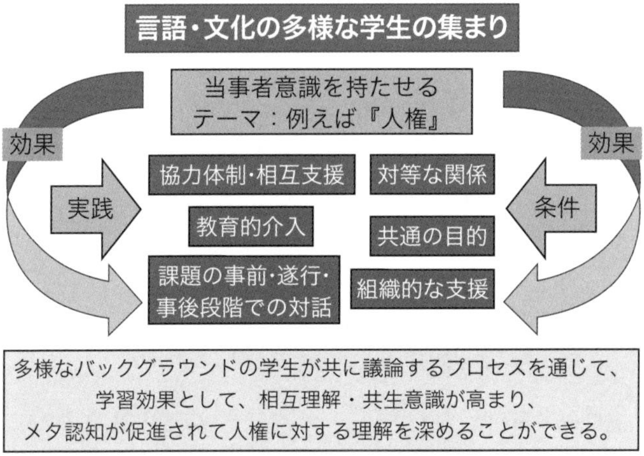

図9：多文化共生を促進する教育実践

に学習テーマとして「人権」を取り入れることで、学生の多様性が生かされて、人権の理解が深まり、学生間の相互理解や共生意識が高まることを示している。

人権は日常生活と密着したテーマであることから、誰もが自身を振り返って議論することができ、また、人権の普遍性と個別性の理解を深めるうえで学生の多様性が生かされる。人権は1つの答えがあるわけではないことから、これをテーマとすることで、他者の意見を聞くことの大切さや他者を受け入れようという気持ちを高めることができる。また、自らも積極的に対話に参加しなければならないことに気付き、当事者意識を高めることができる。さらに、自己の意見が唯一でないことに気付き、メタ認知が促進される。このように、多文化クラスを運営する際に、人権という共通規範を据えることで、クラスに参加する中で他者理解・他者尊重の気持ちが高まり、そこから多文化共生意識が生まれ、一人ひとりの積極的な授業参加が促される。同時に、他者と共に生きる意識を高めることができる。

図9の一番下には、多文化クラスで人権を学ぶ効果をまとめているが、その中で「プロセス」という言葉を用いている。これは、教育実践にお

いて、1回限りの交流会やイベントを通じた接触ではなく、連続して他者と共に活動に取り組むことが大切であり、1つ1つの学習過程（プロセス）を通じて、徐々に共生関係が構築されていくことを示している。また、本書では特にクラス内の「言語の問題」に着目して、これを解決するために、さまざまな教育的介入、言い換えると教員からのサポートや仕掛けの重要性を強調した。このように繰り返し他者と接触し、共に授業に参加することが、言語の障壁を取り除くうえで必要である。

本書は、多文化クラスを想定して議論してきたが、図9の条件と効果は、基本的にその他の教育実践（日本人学生同士の授業など）にも当てはまるだろう。ただ、教育現場は動的であり、そこから多様性、可変性が生まれることから、オルポートの3条件と事前、遂行、事後段階での対話、さらに学生同士の相互支援や教員からのサポートという6つを必要十分条件と断言するにはさらなる研究が必要である。また、学生の主体性の尊重と教員からのサポートのバランスも検討が必要だ。さらに、第7章でも議論したが、「人権」を参加する学生を促す唯一のテーマと断言するものではない。重要なことは、単に差異を強調し、それを認識するという文化相対主義的な学びを越えて、より普遍的な主題を介在させることで、互いの違いという差異を真に尊重できるようなテーマを提示することである。そして、継続的に他者と共に議論し、学び合う機会を設けることで、徐々に差異を調停し、他者を尊重する中で、自己と他者の間に共生意識が生まれ、他者を受け入れようという気持ちが育っていくのである。

授業スタイルや参加学生の人数（留学生と日本人学生の割合、男女比などを含む）、教室の机の配置などは、クラスによって多様であり、これらの3条件と方法論を状況に合わせて個別に解釈する必要がある。例えば、大人数で行う講義形式の授業では、クラス内で隣のクラスメートに話しかける機会すらないこともある。このような環境の中で、学生と教員、また学生同士の対話を十分に行うことは難しい。しかし、大人数のクラスであっても、オルポートの3条件を考慮した授業計画を立てれば、クラスに参加した学生の主体性・能動性を引き出すことは可能と考えられる。第7章で紹介したように、90人を超える大人数のクラスであっても、グループ活動を取り入れることで、他者と共に1つのことをする、または作り上げる過程で、他者理解・他者尊重の高揚が図られ、言語の壁に対してもさまざまな気付きが得られた。学生にこのようなきっかけを作ることが教育実践の目的でもある。本書は限られた事例を基に考察を行ったが、そこで得られた知見には、その他の教育実践にも応用できる普遍的な重要な視点・クラス運営に関わる一般的な要素が含まれていると考えている。

5　これからの教育に求められていること

最後に、教育実践の中で大切なことは、いかにクラスの学びの成果を学内や身近な社会に還元させるかであることを強調しておきたい。第6章では、まずクラス内に「多文化共生」を構築するために人権教育を実践し、授業の前半は知識習得、後半は前半の知識を基に、人権の保障された社会を目指して、アクション・プランを立てさせることを課題とした。全15回の授業を通じて、学生同士、学生と教員が協働体制をとりながら、人権教育を実践することで、参加した学生に人権意識の変化が見られたことを確かめた。また、人権教育は異なる文化を尊重するという文化相対主義的な学びを主目的とするのではなく、互いの文化を尊重しながらも、人間の道徳的な心を育み、相互理解を深め、人権を柱として人間としてあるべき姿を確立していくものであることが示唆された。この学びの効果は、人と人の関係性を築く土台となり、人権の保障された社会を築く力となっていくのである。このような人権教育は、高等教育の多文化クラスのみならず、学校教育や地域社会でも広く普及・発展させるべきであり、これは多文化共生社会を築くうえで今まさに必要とされている学びである。以上を踏まえて、本書で紹介した人権教育は、次のような資質を持つ人材の育成に寄与するものである。

①世界人権宣言が掲げる法の下の平等を実現するために、他者と対等な立場で接し、規律正しく行動しようとする意欲と行動力。
②自己と他者の関係について、違いだけでなく共通性についても知ろうとする姿勢。さらに、他者を理解し、受け入れようとする寛容性。
③身近な社会の中で共通する課題に対して、他者と共に考えて解決しようとする意識を持ち、自らにできることから社会の問題を解決しよう、変えていこうとする意欲と行動力。
④自らの権利や自由を主張するだけでなく、他者の権利や自由も尊重することができ、自らの義務や責任を理解して、他者と協力しながら行動できる力。
⑤他者との人間関係を調整する力、及び自他の要求を共に満たすことができ、それを実現させる能力やそのための技能。

以上に挙げた力は、地域社会の中で他者と共に生きる力、いわば「人間力」であり、このような力は、身近な社会はもとより、国や世界に「多文化共生」を構築する土台となるものである。「人権」は、人類に共通する規範であり、これは社会を構成する一人ひとりが、共通認識として持っている必要がある。このような人権という規範は、教育現場に拘わらず、コミュニティや地域社会においても同様に必要である。今後、社会がより多文化化する中で、他者と共に生きるために、まずは自らの権利と自由を知り、それらを実現するために、義務と責任があることを理解して行動を起こしていくことが大切になる。そこでは、自己の権利だけでなく、他者の権利と自由を尊重し、自己と他者の間に共生関係を築いていく姿勢が求められる。人権教育は、このような自立したグローバル市民として「人間力」を持った人材育成に直結する効果をもたらすものである。それゆえ、グローバル化が進展する世界の中で、マジョリティーの理論を押しつけるのではなく、また静的な文化相対主義の罠に陥るのでもないような形で、多文化共生を積極的に創造していける人間を育てるために、ますます学校教育や高等教育、地域社会で広くこのような教育を普及・発展させていくことが期待される。

第2節　今後の発展的研究の可能性

最後に、本書で十分に議論できなかった点を3つ挙げておきたい。

1　個に着目した研究

第1章でも述べたが、「留学生」と「日本人学生」という言葉を使うことに対して批判が出されている。なぜなら、人と人の接触は、自己が持つ自文化と他者の持つ異文化の接触であり、そこには集団でひとくくりにできない個の存在があるからである。つまり、集団間の関係というマクロな視点だけでなく、一人ひとりのミクロな視点での調査研究が必要となる。オルポートは集団と個の両側面で調査研究をすることについて言及していたが、具体的な調査は行っていなかった。本書においても留学生と日本人学生という集団に分けて検討したため、学生一人ひとりの個の側面について、詳しくは触れていない。第4章2節で紹介した参与観察の分析では、焦点観察者の行動変化についてフィールド・ノートをとり、個の側面にも着目しながら分析したが、ここでは4名の学生について観察し、その記録を分析したことにとどまり、個別にインタビューは行っていない。今後は、学生Aが途中でクラス参加を辞退した理由や、B、C、Dのクラスに対する個人的な意見やバックグラウンドの詳細について、インタビュー調査などを行って分析を深める必要がある。また、第6章で紹介した筆者の教育実践は、質問紙調査を中心に進めたが、ここではサンプル数が35名と少なかったことから、より質的な分析を加え、人権意識に大きな変化の見られた学生に対して個別にインタビューして、その理由を確認する必要もある。この実践では、コース終了後、留学生が帰国してしまったことから、インタビューできなかったという事情はあるが、今後は留学生と日本人学生という言葉でまとめることのできない個の側面について、さらに研究を深めていくことが課題となる。その中で、「多文化共生」を構築するために、有効な新たな条件や要素が出てくる可能性がある。

2　人権教育プログラムの見直し

本書は高等教育の多文化クラスという特定の集団を対象にしている。本書の知見はX大学やY大学の多文化クラスに拘わらず、国立だけでなく、私立の他大学の多文化クラス、さらに、日本人学生を対象としたクラスや、他の教育段階（小中高）や場所（地域社会や集団）においても基本的に当てはまると考えているが、どこまで普遍的に当てはまるのか、そして他の教育段階ではどのような成果が得られるのかについて、今後対象を広げて人権教育を実践し、質問紙調査を行って確かめる必要がある。さらに、学内や地域社会に及ぼす効果についても具体的に検討していく予定である。そのために、普遍的な人権教育プログラムを探求することも課題である。

プログラムの改善という観点から補足すると、本書は人権を共通規範として、人権の知識の深まりと人権感覚を身に着けていくことに重きを置いていた。そこでは、多様性の理解が人権教育の中心であった。本書で紹介したクラスには、交換留学制度を利用して来日した留学生が多く参加しており、「人権問題を身近に感じたことがない」と答える学生が多く見られた。その中では差別の実態についての掘り下げた議論にはなかなか発展しなかった。一方で次のような例もあった。筆者が2012年度に担当したクラスには（タイトルは、「国際理解教育の実践」）、アフリカからの留学生が参加していた。この学生は、ある時「自国の代表として、自分の教育事情をみんなに伝えたい。みんなは教育を受けることを当たり前と思っているかもしれない。自分の国では初等教育を受けることもままならない。その事実を知ってほしい」と語った。残念ながらこの学生は、3回目以降授業に参加することはなく、後になって日本での生活になじめず、途中で帰国したことが分かった。このクラスは「教育」をテーマとする授業であったことから、国という枠組みで教育事情を議論することが多く、「教育の権利」といった観点から、当事者として問題解決に取り組むところには至らなかった。この場で「人権」という視点を取り入れて、「私たち」という主語で教育の実態を議論することができれば、その他の学生も自らできることを考え、当事者意識を持って意見を述べられたのではないだろうか。このアフリカからの留学生は、一個人としてどうにもならない教育事情にもどかしさを感じながら、クラスメートに事実を語った。自己の問題を他者に伝えるという点で、大きな意味はあったが、クラスメートと共に、私たちができることについて考える時間を設けることができれば、建設的な議論に発展したのではないかと反省させられる。

この例が示唆しているように、「人権」をテーマとする授業でなかったとしても、実践において「人権」という視点が重要になってくると考える。また、今後人権教育を実践する際は、多様性への寛容な態度を身に着けるだけでなく、人権と実態を理解し、解決に向けたアクションの取れる行動力の育成を視野に入れて、プログラムを検討していく必要がある。ここでのアクションは、身近なところ（クラス内または日常生活の周辺事情）に焦点を置くだけではなく、世界の人権問題にも議論を広げ、クラス内で知識を共有し、掘り下げた議論につながるような内容を検討していくことが急務となる。

3　国際研究の可能性

本書は、日本の大学の多文化クラスを対象に研究を行ったが、そこには世界各国から集まる留学生が参加しており、このような環境の中で得られた条件、教育方法、学習テーマは、世界の大学教育、学校教育における人権教育に新たな示唆を与えるものである。ただ、本書の知見を海外に発信するためには、日本の大学の多文化クラスの特徴とその中で得られる学習効果をさらに深める必要がある。なぜなら、欧米の大学で現地学生と留学生が共に学ぶクラスと、日本の大学の多文化クラスには異なる点があるからである。例えば、欧米の大学のクラスに日本人学生が参加しようと思ったら、現地の言葉、または英語が必要になる。また、欧米の大学ではクラスに集まる日本人学生は少数で、生活と学びの場が言語面でも人数的にもマイノリティーとなる。他方、日本の大学の多文化クラスでは、教授言語を英語とする場合、日本人学生がマイノリティーになることが多く、授業を担当する教員も英語話者でないことが多い。このように、欧米と日本の大学の多文化クラスには異なる学習環境が築かれていることから、得られる学習効果に違いがあるとすれば、それらの効果の違いについても検討が必要である。

以上に挙げた課題の他にも、他国の人権教育の実践とその実態調査を踏まえた比較研究など、今後さまざまな研究に発展する可能性がある。本書には多くの課題が残されているが、教育実践の手法という観点から、特定の事例を丁寧に分析した結果として、読者の参考になる点が少しでもあれば幸いである。

おわりに

本書の内容は、筆者が大阪大学人間科学研究科在籍中に執筆した博士論文に加筆・修正を行ったものである。多文化クラスでの複数の実践を考察・分析する中で、多文化共生の実現には人権教育が不可欠であるとの考えは、確信へと変わっていった。多文化クラス運営における示唆を多数盛り込んでいるので、参考になれば幸いである。一方、研究の最終目標である多文化共生と人権教育の関係性の明文化と理論的枠組みの確立には、未だ至らなかった。今後も、多文化共生社会の実現を目指し、人権教育の重要性を確認しながら、理論的枠組の構築に励む所存である。

現在筆者は、日本全国の大学における人権教育実施状況調査を行っている。今後は海外の人権教育の実施状況調査も行って比較研究に発展させ、普遍的な人権教育の在り方を検討する予定だ。そして、多文化共生社会を実現するうえで人権教育がもたらす影響と効果の考察を深めたい。

本書は、2018年度科学研究費助成事業（研究成果公開促進費）（課題番号：18HP5202）の交付を受けて、出版する運びとなった。本書の研究を遂行するにあたり、多大なるご尽力・ご指導を賜わった大阪大学人間科学研究科、教授平沢安政先生、教授木村涼子先生、教授三宮真智子先生に厚くお礼を申し上げる。また、質問紙やコメントシートに協力くださった受講生、参与観察させていただいた多文化クラスのご担当教員、受講生にも心から感謝している。私にとって、本書が初めての書籍出版となる。東北大学出版会の小林直之氏、出版会の皆様には、出版にかかる手続きをはじめとする様々なご助言をいただいたことに深く御礼申し上げたい。

最後に、ますますグローバル化する日本社会にあって、本書が多文化共生社会の構築、教育環境における多文化共生、また人権教育普及の一助となることがあれば、これ以上の喜びはない。

2018年7月　髙橋　美能

参考資料 1

Confirmation

(同意書)

Today is the last class.　I tried at most effort to answer to your comments and opinion, but since I do not have much experience, you may not be satisfied with the quality and the contents of this course.
I am going to hold the same course next year, so you are always welcome to attend. I would like to improve the course, thus, I would like to have your permission to cite your opinions in the classes for my research. It would be appreciated if you agreed. I will make sure that your name will not be disclosed at all so that the individual is not specified. This is not compulsory, and no relation to your grade.　Please circle to the following and write your name.

(以下、筆者による訳)
筆者の研究目的で授業中に出された皆さんの意見を引用することに同意いただける場合には、以下に署名してください。

○ I agree.
(同意します)

○ No, I do not agree.
(同意しません)

Name:____

(署名)

参考資料 2

Peer Review（*相互評価シート*）

Evaluate other groups while you are observing. Your comments will pass to the presenters. You do not need to write your name, thus concentrate on listening to others' presentation and think about how you assess them.

(以下、筆者の日本語訳を追記している)
他の学生の発表を評価してください。名前の記載は必要ありません。

1. Group number:

2. Grade presentations from 5 (Excellent) to 1 (Poor) to the following points:

(1) Voice, Speed, Expression (such as eye contact, body language, gestures...)
（声の大きさ、スピード、表現力）

5	4	3	2	1

(2) Assurance（内容の的確さ）

5	4	3	2	1

(3) Participation and cooperation (whether all the members involved.)
（メンバーの参加態度と協力体制）

5	4	3	2	1

(4) Method of their presentation (such as clear PPT、 handout...)（発表の方法）

5	4	3	2	1

(5) Time management（時間管理）

5	4	3	2	1

(6) Impact of message, clear conclusion
（メッセージの伝達力、結論の明確さ）

5	4	3	2	1

2. Any suggestion or comments (at least 3 good and bad points)
（発表者へ良かった点、今後の課題を 3 つ以上挙げてください）

good points	points or suggestion for improvement

Total Score (up to 100):（100 点満点で点数をつけてください）

参考資料 3

2010 年前期の授業における地域別出欠の比較

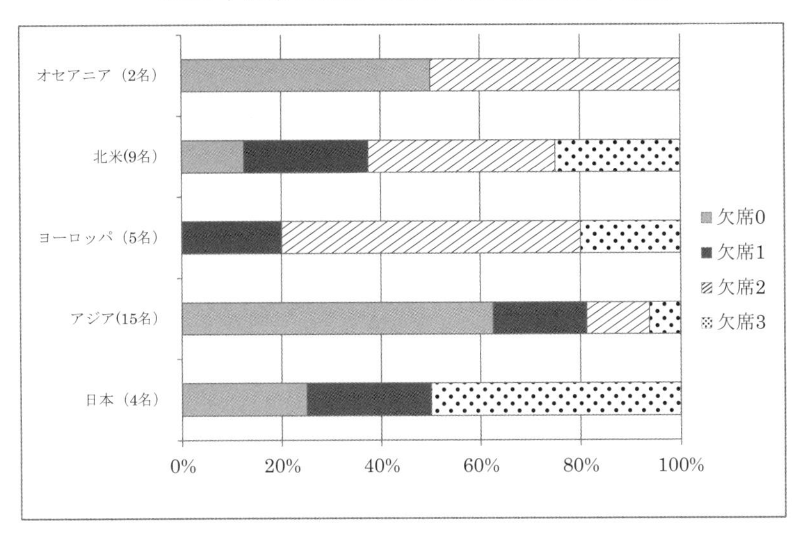

参考資料4

「人権教育の促進」(全15回のプログラム概要)

1. 目標

国連が1994年に採択した「人権教育のための国連10年」には、「人権文化」を構築することが目標に掲げられている。この「人権文化」の解釈について、平沢(2011a)は、個の領域、他者関係の領域、社会関係の領域、自然関係の領域という4つの領域に分けて説明をしている。筆者は、特に以下の3つの領域を中心に学習目標を設定した。

① 個の領域
- 自ら考えて判断し、表現できる。(価値/態度)
- 身近なところから差別がなくなるよう、できることから行動に移すことができる。(知識・態度・行動)

② 他者関係の領域
- 他者の意見を傾聴できる。(態度・技能)
- 相手と異なる意見を述べる時も、相手の立場を考えて発言ができる。(技能)

③ 社会関係の領域
- 相互理解に努め、協力し合うことができる。(態度)
- 人権の保障された社会づくりを目指して、ボランティア活動などに積極的に参加しようとする。(行動)

2. 習得すべき学習成果

「世界人権宣言」の条文を基に、参加者一人ひとりが個別具体的な経験を振り返り、多様なバックグラウンドの学生と共に議論するプロセスを通して、人権の理解を深める。また、自らの価値/態度や技能に変化が起こり、身近なところから人権問題の解決に向けて行動に移していこうという意識を高め、積極的に社会に参加する一市民として成長する。

3. プログラム構想

① 議論

テキスト "Teachers and Human Rights Education" (Audrey Osler、Hugh Starkey 著、2010 年、Trenham Books 発行) を用いる。毎回授業前に、該当部分のリーディングとワークシートを渡し、各自が事前に準備をした上で授業に参加することを条件とする。

② アクティビティ

『人権教育のためのコンパス「羅針盤」』(ヨーロッパ評議会著)の中から、アクティビティを取り入れて、参加体験型で進める(一部、『人権教育ファシリテーター・ハンドブック』(国際理解教育センター著) も参照)。活動の後には振り返りの時間を設ける。

③ グループ・プレゼンテーション

授業の中で学んだ知識を基に、グループで「世界人権宣言」の条文と日常生活における人権の問題との関連性を考え、その解決策と行動計画を立てて発表する。

4．各時の予定

授業回	テーマ（講義＆議論）	アィテビィテク（二重カギ括弧はアクティビティの名称）	実際の授業時の変更点
1	シラバス紹介・質問紙Ⅰの実施	『わたしはだれとだれでしょう』（態度） クラスルームルールについて話し合う（態度・技能）	
2	テキスト第1章「3人の人権問題」（価値/態度・技能・知識）	『完全な世界における生活』（知識・価値/態度・行動）	
3	テキスト第2章「人権の条文化」（価値/態度・技能・知識）	『インターネットの影響』（知識・態度・技能）	
4	テキスト第3章「人権の枠組み」（価値/態度・技能・知識）	『世界人権宣言　ダイアモンドランキング』（知識・価値/態度・技能）	
5	テキスト　第4章「人権、正義、平和」（価値/態度・技能・知識）	『権利のための闘士』（知識・態度・技能）	アクティビティは実施せず。4回目の授業終了時のコメントシートに、学生から視聴覚教材の要望があったことから、アクティビティの代わりに「部落問題」に関わるビデオと、イギリスBBCニュースのダリットのインタビューを取り入れることにした。
6	テキスト　第5章「女性の権利」（価値/態度・技能・知識）	『家庭内の問題』（態度・技能）	
7	テキスト第6章「人権と世界の変化」（価値/態度・技能・知識）	『治療薬を手に入れる権利』（価値/態度・技能）	
8	テキスト　第8章「子供の権利」（価値/態度・技能・知識）	ワークショップ（ゲストスピーカー：ユニセフ）（知識・態度・技能）	ゲストスピーカーの要望で、テキストの順番を入れ替えて、子どもの権利を扱った
9	テキスト第7章「価値、文化、人権」（価値/態度・技能・知識）	『関連付ける』（態度・技能）	アクティビティは実施せず。何回かアクティビティを繰り返すうちに、学生のモチベーションが下がってきた。コメントシートにも、その他の活動がよい（視聴覚教材など）という意見が出されていたことから、代わりにプレゼンテーションの準備に充てた。
10	テキスト第9章「シチズンシップ教育と人権」（価値/態度・技能・知識）	『入国してもいいですか？』（価値/技能・態度）	アクティビティは実施せず。代わりにプレゼンテーションの準備に充てた。
11	テキスト第10章「人権、政策、学校」（価値/態度・技能・知識）	『どの意見も聞かれるように』（価値/態度・技能）	アクティビティは実施せず。代わりにプレゼンテーションの準備に充てた。
12	プレゼンテーション準備「世界人権宣言」の条文と自己の権利について考える		個別学習→ペア学習→グループ学習（知識・価値/態度・技能・行動）で進めた
13	グループ・プレゼンテーション＆相互評価（知識・価値/態度・技能・行動）		
14	グループ・プレゼンテーション＆相互評価（知識・価値/態度・技能・行動）		
15	期末試験・質問紙Ⅱの実施		

5．評価計画

① 出席、参加態度（30%）※　3回以上欠席の場合、単位付与無し
② プレゼンテーション（40%）発表内容、参加態度（発表時/聞く姿勢）
③ 期末試験（30%）

※　評価の中で一番重視しているプレゼンテーションのルーブリックを以下に示す。これは教員である筆者の評価項目であると同時に、発表時の相互評価項目としても使用する。「改善の余地あり」と「改善すべき点が多い」を合格・不合格の基準とする。

相互評価シート(ルーブリック)　１～５については、４段階で評価し、理由も記述してください。５は自由記述。

観点	とても良い	良い	改善の余地あり	改善すべき点が多い
1．人権が身近な問題であることに気付き、自身と関連のある人権問題について分かりやすい説明できる（知識）				
2．自身と関連のある人権問題が、なぜ問題になるのかについて、的確な根拠を基に、問題の所在を明らかにすることができる（価値、技能）				
3．自身と関連のある人権問題と世界人権宣言の関係性が明確になっている（技能）				
4．自身と関連のある人権問題と世界人権宣言に掲げられた人権とのかい離を明確にしたうえで、人権の保障された社会を目指して、自分にできることから行動に移そうとの意欲があり、明確な行動計画を立てることができる（行動）				
5．他者と協力しながら１つの発表を作ろうとの意欲と姿勢がみられ、発表方法や表現に工夫が見られる（態度）				
上記に挙げられていない点について、気づいた点を建設的なコメントとして、自由に記述してください（よかった点、改善すべき点について、最低でも３つ以上）				

参考資料5

質問紙I、II（以下の1と2は質問紙Iのみ、3は質問紙IとIIで同じ項目を使用、4はIとIIで異なる質問内容を設けた）

※ここでは、日本語版のみ紹介する。

この質問紙は、「人権」に対する興味・関心や問題意識について尋ねるものです。ご記入いただいた回答は、筆者のプログラム改善や研究の目的で利用させていただくことがあることをご了承ください。以下に、名前や国籍について尋ねておりますが、これは授業に参加する前と後で、人権意識に変化が見られたかを確認する目的でのみ使用します。分析の際に、個人の名前が出ることはありませんのでご安心ください。

名前：＿＿＿＿＿＿＿＿＿＿＿＿＿＿

国籍：＿＿＿＿＿＿＿＿＿＿＿＿＿＿

性別：男性・女性

学部・学年：　　　　　　学部　　　　年

留学形態（留学生の場合）：全学の交換留学・部局間留学・正規生

現時点の日本での滞在期間：＿＿＿＿＿＿＿＿＿＿

海外経験（日本人学生の場合）：交換留学・旅行を含む短期の海外経験・無し

1. 「人権」という言葉からイメージされるものを全て選んでください。（参考：2010年箕面市「市民の人権に関するアンケート」と2006年泉南市「人権意識調査」参照ＵＲＬは 2010 年 9 月 21 日に確認：http://www.city.minoh.lg.jp/jinken/jinken/ishiki-chousa.html
http://www.city.sennan.osaka.jp/jinkenkeihatu/1/j_k_ishikityousa.htm）

①自由　②平等　③友愛　④尊厳　⑤自立　⑥公正
⑦共生　⑧抑圧　⑨格差　⑩差別　⑪暴力　⑫その他＿＿

2. 今までどこで人権について学びましたか？該当する項目に○を付け、学んだ内容を記述してください。（複数回答可）

② 家庭で＿＿＿＿＿＿＿＿＿＿＿＿＿＿＿＿＿＿＿＿

③ 学校の授業で＿＿＿＿＿＿＿＿＿＿＿＿＿＿＿＿＿＿

④ テレビやラジオ・新聞で＿＿＿＿＿＿＿＿＿＿＿＿＿＿

⑤ 人権や憲法などの講演会・研修会などで＿＿＿＿＿＿＿

⑥ 国・府・市などの広報誌や冊子などで＿＿＿＿＿＿＿＿

⑦ インターネットで＿＿＿＿＿＿＿＿＿＿＿＿＿＿＿＿

⑧ その他＿＿＿＿＿＿＿＿＿＿＿＿＿＿＿＿

⑨ 特に学んだことがない

3. 次の質問項目に、あなたの現在の知識や意見について、もっとも近いものを選んでください

（左側の※は、集計の際に逆転項目とした項目、☆は質問紙 II で理由についても記述を求めた項目、○は学生の意見や価値観に関わるもの、△は知識や技能に価値観が加わったもの、×は授業の仕掛けにより効果が見られるかを確認するもの、を示している）

☆○	1	人権は誰にでも平等に保障されるべきである
※ △	2	人権には優先順位が存在する
△	3	NGOや国連がどんな人権活動をしているか知っている
△	4	「世界人権宣言」がどんな内容か知っている
△	5	他者の権利や自由を守るために、自己の権利が制限されることがある
△	6	人権は普遍的な側面だけでなく、個別的な側面がある
※○	7	現代の社会の中で、女性は男性より社会的な立場が弱いと思う
○	8	誰もが平等に行動することが権利として保障されるべきである
☆○	9	自分の文化の方が、他の文化より優れていると思う
△	10	人権は国や文化の枠組みを越えて、人間にとって共通のテーマである
△	11	人はみな異なっているが、共通する点もある
△	12	物事を考える時、自分の国ではこうだと、国の枠組みで考えることが多い
△	13	価値観が違う人と話し合うことで、新たな発見が生まれる
○	14	私は他者と共にプロジェクトに取り組むことが好きだ
○	15	人権教育を受けることで、自らの態度や振る舞いが変化すると思う
※○	16	「平和や正義」という言葉は、自分とは関係がない
※△	17	「平和や正義」は理想に過ぎない
☆○×	18	私は日常生活で平和的な関係性を築こうと心掛けている
※☆△	19	人権は私には関係がない
△	20	子供は自らの問題について十分に判断し、表現することができないため、保護する必要がある
○	21	いずれの国も難民を受け入れていくべきだ
○	22	自己と他者の関係性を大切にしている
△×	23	自分の意見をはっきりと主張できる
△×	24	自己の意見を主張するだけではなく、人の意見をきちんと聞くようにしている
△×	25	自己と他者が異なる意見を持つ場合であっても、相手の立場を考えて発言ができる
△×	26	意見が違う人とも互いに理解しようと努力している
△	27	コミュニケーションがうまくいかないのは、双方に責任がある
△×	28	正しいことは行動に移したい
△	29	相手の過ちを注意したことがある
△	30	問題のある場合には、きちんと異議申し立てをすることができる
△×	31	相手の意見が間違っていると思う時には、攻撃的でない方法で、相手に自己の意見を述べることができる
△	32	男女平等社会に賛成である
○	33	差別・偏見を持つことがある
△×	34	人権教育は、知識、価値/態度、技能を身に付け、それらが行動につながるものである

回答は、「とても当てはまる～全く当てはまらない」（設問によっては、「とてもそう思う」～「全くそう思わない」）の５段階尺度とした。

4．記述式

（質問紙Ⅰ）

クラスに言語面でハンディキャップのある学生がいる場合、あなたは何をしますか？

①　最も適当と思う番号を１つ選んでください

１．何もしない

２．授業中近くに座り、補足説明をするなど助けようとする

３．休み時間などに質問はないか話しかけてみる

４．その他＿＿＿＿＿＿＿＿＿＿＿＿＿＿＿＿＿＿＿＿

②　①で答えた理由を述べてください

③ コースで学びたい内容や興味・関心のあるトピックについて自由に記述してください

（質問紙Ⅱ）

授業をふりかえって、

1. 各自の「知識、価値/態度、技能、行動力」の変化について、具体的に記述してください。
2. 多文化クラスで人権について学ぶことは、意義があると思いますか。本クラスで学んだことを振り返って、あなたの意見を具体的に記述してください。

参考資料 6-1（2・3 回目の授業で使用）

Comment Sheet（コメントシート）

Name:______________________________

Student Number:_____________________________

Please choose an appropriate answer by reflecting your attitude in today's class and write the reasons.

（本時の授業を振り返って、以下の 4 つの点を評価してください）：

1. Equal Participation between students 参加者同士の対等な参加	strongly agree	agree	Neutral	disagree	strongly disagree
Reason:					
2. Common purpose towards class goal 共通の目的	strongly agree	agree	Neutral	disagree	strongly disagree
Reason:					
3. Class support between students クラス内支援	strongly agree	agree	Neutral	disagree	strongly disagree
Reason:					
4. Mutual Dialogue (between students and with teacher) 対話（学生間、学生と教員）	strongly agree	agree	Neutral	disagree	strongly disagree
Reason:					

Comments (regarding today's class or to the instructor):

自由コメント

参考資料 6-2（4 ～ 7 回目の授業で使用）

Comment Sheet

Name:______________________________

Student Number:______________________________

Please choose and circle an appropriate answer to evaluate yourself for today's class. 本日の授業を振り返って、自己評価してください。

1. You positively participated in class. (自己評価)積極的に参加できましたか。	strongly agree	agree	Neutral	disagree	strongly disagree
Reason (If you think less participated, write the reason):					
2. You tried to express your views. (自己評価)活発に発言ができましたか。	strongly agree	agree	Neutral	disagree	strongly disagree
Reason (If you think less expressed, write the reason):					
3. You helped classmates in class. (自己評価)クラスメートへの支援は十分にできましたか。	strongly agree	agree	Neutral	disagree	strongly disagree
Reason (and give an example of what aspect):					
4. Everyone equally participated. (相互評価)誰もが平等に参加できていましたか。	strongly agree	agree	Neutral	disagree	strongly disagree
Reason (If you think negative, write the reason why and how to solve):					
5. Everyone equally expressed his/her view.（相互評価)誰もが発言していましたか。	strongly agree	agree	Neutral	disagree	strongly disagree
Reason (If you think negative, write the reason and how to solve):					

Comments (or request) 自由にコメントを書いてください:

参考資料 6-3（8 回目、ゲストスピーカー招聘時の振り返り）

Feedback of Workshop（ワークショップのフィードバック）

Names:________________Student number:________________

1. Did you enjoy the Workshop? （本時のワークショップは楽しかったですか）

   (Circle)　　Yes　　・ No

   <u>Reason:</u>

2. Do you want to have this kind of workshop again? （このようなワークショップにまた参加したいですか）

   (Circle)　　Yes　　・ No

   <u>Reason:</u>

3. Are there any new findings from Workshop?（新たな気付きはありましたか）

   (Circle)　　Yes　　・ No

   <u>Reason:</u>

4. Do you think you participated more than before?（いつも以上に参加できたと思いますか）

   (Circle)　　Yes　　・ No

   <u>Reason:</u>

5. Do you think you expressed your opinions well?（いつも以上に意見を述べられたと思いますか）

   (Circle)　　Yes　　・ No

   <u>Reason:</u>

6. Please write any comments:（自由コメント）

参考資料 6-4（9 ～ 11 回目の授業で使用）

Comment Sheet

Names:________________Student number:_______________

Please evauate the instructor. （クラス担当教員を評価してください）

1. Organization of Lectures 講義の流れ	strongly agree	agree	Neutral	disagree	strongly disagree
Reason:					
2. Clarity of Presentations 明確さ	strongly agree	agree	Neutral	disagree	strongly disagree
Reason:					
3.Lecture Contents 講義内容	strongly agree	agree	Neutral	disagree	strongly disagree
Reason:					
4. Opportunities for Discussion 議論の機会	strongly agree	agree	Neutral	disagree	strongly disagree
Reason:					
5. Quality of Handouts 配布資料	strongly agree	agree	Neutral	disagree	strongly disagree
Reason:					
6. What aspects did you like the best today? 一番良かった点					
7. Suggestions for instructor or any comment 教員に対するコメント					

参考文献

足立恭則　2008「留学生・日本人学生合同の日本事情授業：留学生から学ぶ日本事情」『人文・社会科学論集』，第25号，103-114頁.

Allport, G.W. 1954，原谷達夫，野村昭訳，『偏見の心理』，培風館，1961.

Allport, G.W. 1981 The Nature of Prejudice, 25 th Anniversary Edition. Addison-Wesley Publishing Company.

天野正治，村田翼夫　2001『多文化共生社会の教育』，玉川出版部.

浅井暢子　2012「偏見低減のための理論と可能性」『多文化社会の偏見・差別－形成のメカニズムと低減のための教育－』，明石書店，100-124頁.

Association for the study and development of community 1999 Principles for Intergroup projects: A First Look. ASDC.

綾部恒雄　1993『現代世界とエスニシティ』，弘文堂.

部落解放・人権研究所編　1997『これからの人権教育－新時代を拓くネットワーク』，解放出版社.

部落解放・人権研究所編　2010『学びから始まる私たちの人権－多様な場面における人権教育・啓発の推進に向けて－』，解放出版社.

Banks, J.A., C.A.M., Cortes, C.E., Hahn, C., Merryfield, M., Moodley, K.A., Murphy-Shigematsu, S., Osler, A., Park, C., & Parker, W.C. 2005 Democracy and Diversity: principles and concepts for educating citizens in a global age. University of Washington.

Banks, J.A. 2004 Diversity and citizenship education: global perspectives. Jossey-Bass.

Banks, J.A., McGee Banks, C. A., Cortes C. E., Hahn, C. L., Merryfield, M. M., Moodley, K. A., Murphy-Shigematsu Stephen, Osler Audrey, Park Caryn, & Parker W. C. 2005, 平沢安政訳『民主主義と多文化教育』，明石書店，2006.

Brewer, B. Marilynn, & Miller, Norman 1984 Beyond the contact hypothesis: theoretical perspectives on desegregation. New York Academic Press.

Brewer, B. Marilynn, & Miller, Norman 1996 Intergroup Relations. Books/Cole Publishing Company.

Cranton Patricia. 1992, 入江 直子・豊田 千代子・三輪 建二訳『おとなの学びを拓く－自己決定と意識変容をめざして』, 鳳書房, 2010 (6版).

Cook, W. Stuart 1985 Experimenting on social issues: The case of school desegregation. American Psychologist, 40 (4) , pp. 452-460.

Council of Europe 2002, 福田弘訳『人権教育のためのコンパス羅針盤』, 明石書店, 2006.

Devine, P. Monteith, M. Zuwerink, J. & Elliot, A. 1991 "Prejudice with and without compunction," Journal of Personality and Social Psychology, Vol.60, pp. 817-830.

Devine, P. 1989 "Stereotypes and prejudice: The automatic and controlled components," Journal of Personality and Social Psychology, Vol.56 (1) ,pp. 5-18.

Dunbar,E., Blanco, A., Sullaway, M. & Horcajo, J. 2004 "Human Rights and ethnic attitudes in Spain: The role of cognitive, social status, and individual difference factors", International Journal of Psychology, 39 (2) , pp. 106-117.

Elizabeth,E. 1994 "Why doesn't this feel empowering? Working through the repressive myths of critical pedagogy" by L. Stone (ed), The Education Feminism Reader. Routledge.

ERIC国際理解教育センター　2000『人権教育ファシリテーター・ハンドブック』, 特定非営利活動法人　ERIC国際理解センター.

Fay, Brian 1996 Contemporary Philosophy of Social Science. Blackwell Publishers.

藤井桂子　2010「留学生との交流が日本人学生に与える影響－交流グループに所属する日本人学生の事例分析－」『横浜国立大学留学生センター教育研究論集』, 17号, 135-160頁.

藤田結子, 北村文　2013『現代エスノグラフィー－新しいフィールドワークの理論と実践』, 新曜社.

福田弘　2008『なぜ今、人権教育が必要なのか？』, 千葉県人権啓発センター.

Freire, Paulo 1968, 小沢有作・楠原彰・柿沼秀雄・伊藤周訳『被抑圧者の教育学』, 亜紀書房, 1979.

Freire, Paulo 1968, 三砂ちづる訳『被抑圧者の教育学－新訳』, 亜紀書房, 2011.

Freire, Paulo 1973, 里見実・楠原彰・桧垣良子訳『伝達か対話か』, 亜紀書房 1982.

Gordon, A. June 2002, ハヤシザキカズヒコ・志水宏吉訳『変革的教育学としてのエスノグラフィ』，明石書店，2010.
Hammersley, Martyn, & Atkinson, Paul 1995 Ethnography. Routledge.
花見槙子　2006「留学生と日本人学生の合同授業の創出」『三重大学国際交流センター紀要』，創刊号，67-81頁.
春原憲一郎　2009「多文化共生社会における国際理解－日本語教育の観点から－」『高知大学総合教育センター修学・留学生支援部門紀要』，第3号，3-28頁.
橋本博子　2006「集中的な異文化接触と異文化間教育」『異文化間教育』，第23号，アカデミア出版，50-68頁.
畠山均　2000「異文化コミュニケーション教育再考－多文化共生社会の視点から」『純心英米文化研究』，第17号，83-99頁.
林尚示　2007「人間関係能力の段階的育成」『学校教育研究』，22号，109-120頁.
一二三朋子　2002『接触場面における共生的学習の可能性－意識面と発話内容面からの考察』，風間書房.
一二三朋子　2008「留学が日本人学生の文化的アイデンティティに与える影響に関する一考察－中国における留学生と本国の学生との比較を通して－」『筑波大学地域研究』，29号，101-111頁.
樋口陽一　2009『憲法という作為－「人」と「市民」の連関と緊張』，岩波書店.
平篤志　2007「国際理解教育と地理教育の接点に関する考察－高等学校を中心に－」『香川大学教育実践総合研究』，14号，1-9頁.
平原春好　2006『教育基本法問題文献資料集成Ⅰ（解説・解題）』，日本図書センター.
平沢安政　2005『解説と実践　人権教育のための世界プログラム』，解放出版社.
平沢安政　2010「『第三次とりまとめ』と『人権教育の推進に関する取り組み状況の調査結果』が示唆するもの」『部落解放研究』，第188号，61-77頁.
平沢安政　2011a『人権教育と市民力－「生きる力」をデザインする』，解放出版社.
平沢安政　2011b「普遍的な視点と個別的な視点の統合：効果的な人権教育・啓発の推進に向けて」『部落解放研究』，第193号，9-18頁.
平沢安政（著），長尾彰夫，池田寛（編）　1990「多文化教育と学校文化」『学校文化』，東信堂.
Hogg, A Michael, & Abrams, Dominic 1988 Social Identifications. Routledge.

堀尾輝久　2002『いま，教育基本法を読む』，岩波書店.
細川英雄　1999『日本語教育と日本事情－異文化を超える』，明石書店.
細川英雄　2002『日本語教育は何をめざすのか－言語文化活動の理論と実践』，明石書店.
生田周二　2005「人権教育へのアプローチ－日本的性格との関連において－」『奈良教育大学教育実践総合センター研究紀要』，14号，113-122頁.
市川昭午（監修・編集），小田実，林健太郎，丸山眞男，高坂正顕，三島由紀夫，今堀義　2008「総評：/bunka/と研究者・教育者との主体－客体の関係」『Speech Communication Education』，Vol.21，83-95頁.
石井恵理子，馬渕仁（編著）　2011「共生社会形成をめざす日本語教育の課題」『「多文化共生」は可能か－教育における挑戦』，勁草書房，85-105頁.
岩井朝乃　2006「日本人大学生の『文化的他者』認識の変容課程」『異文化間教育』，23号，109-124頁.
岩井八郎，近藤博之（編）　2010『現代教育社会学』，有斐閣.
人権教育の指導方法等に関する調査研究会議　2008『人権教育の指導方法等の在り方について（第三次とりまとめ）～指導等の在り方編～』，文部科学省.
Judith, Torney-Purta, Britt, Wilkenfeld,& Carolyn, Barber 2008 "How Adolescents in 27 Countries Understand, Support, and Practice Human Rights" by Journal of Social Issues, Vol.64, No.4, pp.857-880.
影山清四郎　1999「現代青少年の人権意識の調査と人権学習を核とする中学校社会科の総合単元の開発」，平成8・9・10年度文部省科学研究費補助金研究成果報告書.
加賀美常美代　2006「教育的介入は多文化理解態度にどんな効果があるか」『異文化間教育』，24号，76-91頁.
加賀美常美代　2012「グローバル社会における多様性と偏見」『多文化社会の偏見・差別－形成のメカニズムと低減のための教育』異文化間教育学会，明石書店，12-36頁.
金子元久　2007『大学の教育力－何を教え，学ぶか』，筑摩書房.
苅谷剛彦　2008『学力と階層－教育の綻びをどう修正するか』，朝日新聞出版.
苅谷剛彦，濱名陽子他　2010『教育の社会学新版－〈常識〉の問い方，見直し方』，有斐閣アルマ.

加藤優子　2009「異文化間能力を育む異文化トレーニングの研究－高等教育における異文化トレーニング実践の問題と改善に関する一考察」『仁愛大学研究紀要　人間学部篇』，第8号，13-21頁.

川村暁雄，前川裕史　2011「アンケートを用いた人権教育の効果測定の試みについて」『関西学院大学人権研究』，第15号，33-36頁.

吉川徹　2001『学歴社会のローカル・トラック－地方からの大学進学』，世界思想社.

木村浩　2006『イギリスの教育課程改革－その軌跡と課題』，東信堂.

木村涼子　2009『ジェンダーと教育』，日本図書センター.

Kymlicka Will 1995, 角田猛之・山﨑康仕・石山文彦訳『多文化時代の市民権－マイノリティの権利と自由主義』，晃洋書房，1998.

金侖貞　2007『多文化共生教育とアイデンティティ』，明石書店.

岸磨貴子・久保田賢一　2012「生徒の意識の変容を促す海外との交流学習デザイン」『異文化間教育』，35号，118-133頁.

北出慶子　2013「相互文化グループ学習活動におけるアイデンティティ形成の学び－正課授業における相互文化学習活動の実践分析」『言語文化教育研究』，第11巻，282-305頁.

北岡誠司　1998『バフチン：対話とカーニヴァル』，講談社.

古賀正義　2001『〈教えること〉のエスノグラフィー－「教育困難校」の構築過程』，金子書房.

国際文化フォーラム　2013『外国語学習のめやす－高等学校の中国語と韓国語教育からの提言』.

Kramer, M. Bernard 1950 Residential contact as determinant of attitudes toward Negros（未刊），Harvard College Library.

Kudo Kazuhiro, Motohashi Yuri,& Enomoto Yuki, et al. 2011 "Bridging Differences through Dialogue: Preliminary Findings of the Outcomes of the Human Library in a University Setting", Shanghai International Conference on Social Science, pp.1-7.

倉地暁美　1992『対話からの異文化理解』，勁草書房.

倉地暁美　1998『多文化共生の教育』，勁草書房.

倉地暁美　2002「異文化間トレランス獲得･向上に至る経過とその転機」『異文化間教育』，16号，49-62頁.

倉地暁美（編），縫部義憲（監）　2006『講座・日本語教育学　第5巻　多文

化間の教育と近接領域』，株式会社スリーエーネットワーク.
黒木雅子　2014『改訂版異文化論への招待－「違い」とどう向き合うか』，朱鷺書房.
黒沢惟昭，森山沾一　1995『生涯学習時代の人権』，明石書店.
Marri, R. A. 2003 "Multicultural Democracy: toward a better democracy" in International Education, Vol. 14, No.3, September 2003 by Carfax Publishing, pp.263-277.
馬渕仁　2010『クリティーク多文化，異文化』，東信堂.
松井克行　2010「人権の普遍性と地域性」『グローバル時代の国際理解教育』，明石書店，128-133頁.
松本久美子　1999「留学生と日本人学生の初級会話合同クラス：双方向学習による異文化コミュニケーション能力の育成」『長崎大学留学生センター紀要』第7号，1-33頁.
松尾知明　2013『多文化教育をデザインする－移民時代のモデル構築』，勁草書房.
Mezirow, J. 1996 "Contemporaty Paradigms of Learning" by Adult Education Quarterly. 46. pp.158-172.
Merriam, Sharan. B. & Simpson, Edwin. L 2000，堀薫夫訳『調査研究法ガイドブック』，ミネルヴァ書房，2010.
Miles, B. Matthew 1959 "Learning to work in groups; a program guide for educational leaders" by Bureau of Publications, Teachers College, Columbia University.
箕浦康子　2009『フィールドワークの技法と実際II（分析・解釈編）』，ミネルヴァ書房.
宮本美能　2012a「大学教育現場に『多文化共生』の関係性を構築する－留学生と日本人学生の混合クラスの中で－」『異文化間教育学会奨励研究論集』，異文化間教育学会.
宮本美能　2012b「高等教育における人権教育の実践－留学生と日本人学生の混合クラスの一考察－」『人権教育研究』，第12巻，88-101頁.
宮本美能　2013「大学生の多様なバックグラウンドを生かした教育活動」『人権教育研究』第13巻，1-14頁.
宮本美能　2014「多文化クラスで人権教育を実践する意義－授業前と後の質問紙調査結果に基づいて－」『人権教育研究』，第14巻，75-88頁.

宮本美能　2015「留学生と日本人学生の国際共修授業における一考察－言語の問題へのアプローチと学習効果－」『大阪大学大学院人間科学研究科紀要』，第41巻，173-191頁．

宮本律子　1995「秋田地域における留学生と日本人学生の交流の実態及び価値観の比較研究」『秋田大学総合基礎教育研究紀要』，2号，41-57頁．

森実　2000『知っていますか？人権教育－一問一答』，解放出版社．

森実　2004『知っていますか？同和教育－一問一答』，解放出版社．

森岡修一　2010「教育は教え込みではない」今津孝次郎，樋田大二郎『続　教育言説をどう読むか』，新曜社，99-130頁．

森田ゆり　2000『多様性トレーニング・ガイド』，解放出版社．

村野井仁，千葉元信，畑中孝實　2003『総合的コミュニケーション能力を育てる指導』，成美堂．

鍋倉健悦　1990『日本人の異文化コミュニケーション』，北樹出版．

中道基夫　2006「人権教育のための世界プログラム」『関西学院大学人権研究』，10号，39-43頁．

新倉涼子　1997「留学生と日本人学生の相互交流と対人認知の変容－異文化理解授業の実践を通しての考察－」『千葉大学留学生センター紀要』，3号，31-42頁．

西原博史　2006『良心の自由と子供たち』，岩波新書．

野中広務，辛淑玉　2009『差別と日本人』，角川書店．

Noor, Lucie-Mami Nkake 1996 Education for International Understanding: An Idea Gaining Ground. International Bureau of Education.

岡村達雄　2004『教育基本法「改正」とは何か－自由と国家をめぐって』，インパクト出版会．

大橋敏子・近藤祐一・秦喜美恵・堀江学・横田雅弘　1992『外国人留学生とのコミュニケーション・ハンドブック』，株式会社アルク．

大沼保昭　1998『人権，国家，文明－普遍主義的人権観から文際的人権観へ－』，筑摩書房．

大阪市市民局人権室 2005「ローカルを通じてグローバルを，グローバルを通じてローカルを」(監修　大阪大学大学院人間科学研究科　教授　平沢安政)

大島まな，田村知子　2001「留学生を活用する国際教育の内容・方法と教育効果に関する研究（その1）：大学周辺地域の小学校との国際交流活動を中心に」『生涯学習研究センター紀要』，第6号，九州共立大学，59-80頁．

Osler, A., & Starkey, H. 2005 Changing citizenship: democracy and inclusion in education. Open University Press.

Osler, A., & Starkey, H. 2005 Citizenship and Language Learning: international perspectives. Trentham Books.

Osler, A., & Starkey, H. 2010 Teachers and Human Rights Education. Trentham Books.

大津和子　1994「社会科におけるグローバル教育の4つのアプローチ」『教育学研究』，第61巻第3号，279-286頁．

大津和子　2006「グローバル時代における国際理解教育の目標」『グローバル時代に対応した国際理解教育のカリキュラム開発に関する理論的・実践的研究』，第1分冊（研究代表,多田孝志），科学研究費補助金研究成果報告書．

Patricia, Brander etc. 2002 Compass - A manual on Human Rights Education with young people. Council of Europe.

Rothman, Jack, 1974 Planning and Organizing for Social Change. Columbia University Press.

李炫姃　2007「国際理解教育の実践分析」『国際理解教育』，13号，26-43頁．

齋藤眞宏　2005「個に対応した教育－多文化共生の視点をふまえて」『旭川大学紀要』，60号，53-89頁．

齋藤眞宏　2006「多文化共生教育－バンクス，ゲイ，グラント，スリーター，ニエトの視点から－」『旭川大学紀要』，61号，63-87頁．

佐貫浩　2002『イギリスの教育改革と日本』，高文研．

三宮真智子　2008『メタ認知：学習力を支える高次認知機能』，北大路書房．

佐藤郡衛　2001『国際理解教育（多文化共生社会の学校づくり）』，明石書店．

佐藤郡衛　2003『国際化と教育（改訂新版）－異文化間教育学の視点から－』，放送大学教育振興会．

佐藤郡衛　2007「国際理解教育の現状と課題－教育実践の新たな視点を求めて」『教育学研究』，第74巻2号，215-225頁．

佐藤郡衛　2010『異文化間教育－文化間移動と子どもの教育』，明石書店．

佐藤郡衛　2012「臨床という視点からの異文化間教育研究の再考」『異文化間教育』，35号，14-31頁．

佐藤郁哉　1992『フィールドワーク，書を持って街に出よう』，新曜社.

佐藤郁哉　2002『フィールドワークの技法－問いを育てる，仮説をきたえる』，新曜社.

佐藤郡衛，横田雅弘，吉谷武志　2006「異文化間教育学における実践性」『異文化間教育』，23号，20-36頁.

里見実　2010『パウロ・フレイレ「被抑圧者の教育学」を読む』，太郎次郎社エディタス.

施光恒　2010「人権は文化超越的価値か－人権の普遍性と文脈依存性」『人権論の再構築』，法律文化社，158-178頁.

Sherif, M., Harvey, O., White, B., Hood, W. & Sherif, C. 1961 Intergroup Conflict and Cooperation: The Robbers Cave Experiment. University of Oklahoma Institute of Intergroup Relations.

芝村良　2004『R・A・フィッシャーの統計理論－推測統計学の形成とその社会的背景』，九州大学出版会.

総務省　2006「多文化共生の推進に関する研究会報告書－地域における多文化共生の推進に向けて－」，総務省.

園田博文，奥村圭子，内海由美子，黒沢晶子　2006「留学生と日本人学生の交流活動実践から見えてくるもの」『山形大学紀要（教育科学）』，第14巻第1号，11-33頁.

曽和信一　2008『人権の思想と教育の現在』，阿吽社.

杉本良夫，ロス・マオア　1982『日本人は「日本的」か－特殊論を超え多元的分析へ』，東洋経済新報社.

杉澤経子　2010「多文化社会コーディネーターの専門性と職能」『シリーズ多言語・多文化協働実践研究』，別冊3，8-36頁.

田渕五十生　2011「異文化間教育と人権教育のインターフェイス」『異文化間教育』，34号，64-74頁.

Tajfel, H. 1969 “Cognitive aspects of Prejudice” Journal of Social Issues, Volume 25 (4), pp.79-97.

高橋亜紀子　2005「日本人学生と留学生とが共に学ぶ意義－『異文化間教育論』受講者のコメント分析から」『宮城教育大学紀要』，第40巻，15-25頁.

竹安邦夫　1998「教授職人論からみた「国際感覚」と「地域感覚」－日米での体験をもとにして」竹安邦夫，三好郁朗，宮本盛太郎他　『異文化との出会い－国際化のなかの個人と社会』，京都大学学術出版会，132頁．
田中久文　2009『丸山眞男を読みなおす』，講談社．
谷富夫，芦田徹郎　2009『よくわかる　質的社会調査　技法編』，ミネルヴァ書房．
田崎敦子　2002「英語を共通言語とした大学院における異文化間コミュニケーションクラスの試み－タスク活動における教師の役割」『異文化間教育』，16号，140-150頁．
Taylor, Charles, Anthony Appiah, K., Habermas, Jurgen, Rockefeller, Steven, Walzer, Michael, & Wolf, Susan 1994 Multiculturalism. Princeton University Press.
徳井厚子　1999「多文化クラスにおける評価の試み－自己変容のプロセスをとおして見えてくるもの－」『メディア教育研究』，第3号，61-71頁．
徳永あかね　2006「接触場面グループに見られる母語話者の共話」『多言語多文化社会を切り開く日本語教育と教員養成に関する研究』，105-116頁．
徳永あかね　2009「多文化共生社会で期待される母語話者の日本語運用力－研究の動向と今後の課題について」『神田外語大学紀要』，第21号，111-129頁．
多田孝志　2010「学びの基本技能としての対話力」『グローバル時代・国際理解教育－実践と理論をつなぐ－』，明石書店，52-57頁．
坪井健　1999「留学生と日本人学生の交流教育－オーストラリアとの比較を通して」『異文化間教育』，13号，60-74頁．
坪井健　2012a「大学におけるヒューマンライブラリーの実践－駒沢大学 坪井ゼミの取り組みから」『多文化社会の偏見・差別』，明石書店，172-198頁．
坪井健　2012b『ココロのバリアを溶かす・ヒューマンライブラリー事始め』，人間の科学新社．
土屋千尋　1998『多文化クラスの大学間および地域相互交流プロジェクトの実施と評価に関する研究』，平成9年度科学研究費補助金基盤研究（c）研究成果中間報告書．
土屋千尋　2000『多文化クラスの大学間および地域相互交流プロジェクトの実施と評価に関する研究』，平成9-11年度科学研究費補助金基盤研究（c）研究成果報告書．
恒松直美　2006a「短期交換留学プログラム留学生のための英語で行う授業の日本人学生への開講ニーズ調査」『広島大学留学生センター紀要』，16

号，31-53頁.
恒松直美　2006b「大学国際戦略：国際カリキュラム構築と日本人学生の参加」『広島大学留学生教育』，10号，9-28頁.
恒松直美　2007a「短期交換留学プログラムの英語で行われる授業―自己と異文化適応―」『広島大学留学生教育』，11号，9-23頁.
恒松直美　2007b「広島大学短期交換留学プログラム留学生の受講授業の多様性―日本留学の意義と魅力―」『広島大学留学生センター紀要』，17号，11-32頁.
堤良一，長谷川哲子　2009『大学生になるための日本語1』，ひつじ書房.
Veizades, Diaz- Jeannette, Widaman F. Keith, Little D. Todd & Gibbs W. Katherine 1995 "The measurement and structure of Human Rights Attitudes", The Journal of Social Psychology, 135（3），pp.313-328.
若槻健，西田芳正（編），志水宏吉（監）2010『教育社会学への招待』，大阪大学出版会.
渡戸一郎　2008「『多文化共生社会』に向けて－自治体と市民活動の『協働』と『広域連携』の課題－』『シリーズ多言語・多文化協働実践研究』，3，4-8頁.
マイケル・W・アップル，ジェフ・ウィッティ，長尾彰夫　2009『批判的教育学と公教育の再生』，明石書店.
魚住忠久　1987『グローバル教育の理論と展開－21世紀をひらく社会科教育』，黎明書房.
魚住忠久　1995『グローバル教育－地球人,地球市民を育てる』，黎明書房.
魚住忠久　2002「グローバル教育と多文化教育のインターフェイス」『異文化間教育』，16号，92-105頁.
山西優二　2010「多文化社会にみる教育課題」『シリーズ多言語・多文化協働実践研究』，別冊3，66-71頁.
山西優二　2012「多文化共生に向けての地域日本語教育のあり様と多文化社会コーディネーターの役割－「文化力」形成の視点から」『シリーズ多言語・多文化協働実践研究』，15，26-38頁.
山田泉　1997「地域社会における「日本語学習支援」の意味」『多文化社会と留学生交流』，創刊号，113-120頁.
山田泉　2000「「研究者」と「一般人」のあいだ」『多文化社会と留学生交流』，4号，103-106頁.

山田泉　2001「外国から来た子どもたちの自己実現の保障」『多文化社会と留学生交流』, 5号, 191-195頁.
安田敏明　2011『多言語社会という幻想－近代日本言語史再考〈4〉』, 三元社.
山脇啓造　2003「日本における外国人政策の批判的考察－多文化共生社会の形成に向けて」『明治大学社会科学研究所紀要』, 第41巻2号, 59-75頁.
山脇啓造, 近藤敦, 柏崎千佳子　2000「移民国家日本の条件」『ディスカッション・ペーパー・シリーズ』, 6, 明治大学社会科学研究所, 1-22頁.
矢野泉　1999「多文化教育に関する学生の意識－多文化共生施設におけるフィールドノーツを通して－」『横浜国立大学教育人間科学部紀要. I, 教育科学』, 第2集, 13-29頁.
八若壽美子　2005「外国人留学生と日本人学生の言語学習ビリーフの変容－協働活動を通して－」『茨城大学留学生センター紀要』, 3号, 11-24頁.
米田伸次・大津和子・田渕五十生・藤原孝章・田中義信　1997『テキスト国際理解』, 国土社.
米山リサ　2003『暴力・戦争・リドレス　多文化主義のポリティクス』, 岩波書店.
横田雅弘　1991「留学生と日本人学生の親密化に関する研究」『異文化間教育』, 5号, 81-97頁.
横田雅弘　1993「大学は留学生の受入れをどう捉えるべきか：留学生10万人時代に向けて」『一橋論叢』, 109巻5号, 663-685頁.
横田雅弘　1999「留学生支援システムの最前線」『異文化間教育』, 13号, 4-18頁.
人権教育の指導方法等の在り方について（第三次とりまとめ）.
http://www.mext.go.jp/b_menu/shingi/chousa/shotou/024/report/08041404.htm（2011年6月16日確認）
人権問題に関する人材養成機関等検討委員会　2000「国際化時代における人権問題に関する高等教育機関等のあり方について」.
http://www.ihri.jp/reserch/0003_houkoku.pdf（2018年6月5日確認）
国際連合広報センター　2004『ABC：人権を教える－小中高向けの実践活動』.
http://www.unic.or.jp/files/abc_jinken.pdf（2018年6月5日確認）
文部科学白書　「第1部第2章大学の国際化と地域貢献」.
http://www.mext.go.jp/b_menu/hakusho/html/hpaa200901/1283098_004_01.pdf（2018年5月11日確認）

大阪府教育委員会　2011『動詞からひろがる人権学習』.
http://www.pref.osaka.lg.jp/chikikyoiku/dousikara/index.html（2018年5月11日確認）

<著者略歴>

高橋　美能（たかはし・みのう）

茨城県つくば市生まれ。早稲田大学法学部卒業、英国エセックス大学法学研究科修士課程修了（法学修士）、英国ロンドン大学教育学研究科修士課程修了（教育学修士）、大阪大学人間科学研究科博士課程修了（人間科学博士）。現在、東北大学高度教養教育・学生支援機構准教授。専門は異文化間教育、人権教育。

多文化共生社会の構築と大学教育

Enhancing Co-existence in a Multicultural Society and its Role in University Education

2019年2月21日　初版第1刷発行

著　者　高橋 美能

発行者　久道 茂

発行所　東北大学出版会

〒980-8577　仙台市青葉区片平2-1-1

TEL：022-214-2777　FAX：022-214-2778

https://www.tups.jp　E-mail：info@tups.jp

印　刷　社会福祉法人　共生福祉会

萩の郷福祉工場

〒982-0804　仙台市太白区鈎取御堂平38

TEL：022-244-0117　FAX：022-244-7104

ISBN978-4-86163-316-4　C3037

定価はカバーに表示してあります。

乱丁、落丁はおとりかえします。